ideaink 07

日本をソーシャルデザインする

グリーンズ編

朝日出版社

第3章 ムーブメントのハブになる

はじめに

「社会的な課題の解決と同時に、新たな価値を創出する画期的な仕組みをつくること」を、僕たちグリーンズは「ソーシャルデザイン」と呼んでいます。マイナスをゼロにするだけでなく、さらにプラスにまでしていく発想。この本は、そんな「ソーシャルデザイン思考」で、日本の未来をもっと素敵にするためのヒント集であり、具体的なツールキットです。

ここで本題に入る前に、ちょっと質問があります。答えにくいかもしれませんが、よかったら少し考えてみてください（ペンをお持ちの方は書き込んでいただいてもOKです）。

Q1　日本の未来はもっと素敵だと思いますか？（その理由は？）

□はい
□いいえ

Q2　あなたにとって、「日本」とは何ですか？

A（　　　　　　　　　　　　　　　　　　　　　　　　）

これらの問いかけに、みなさんはどんなことが心に浮かびましたか？
地球の一地方としての日本、国連に加盟する国家としての日本、文化のよりどころとしての日本、あるいは目の前の風景としての日本……当たり前ですが、ここに正解などありません。

感じていただきたかったのは、この本を手に取った誰もが、これからの日本の行く末について語る言葉を持っている、ということです。希望でも不満でも何でもいい、私には言いたいことがある。それはつまり日本の未来のことが、すでに「他人ごと」ではなく「自分ごと」になってしまっていることの証《あかし》なのです。

とはいえ、「私にとっての日本」といったような漠然とした思いと、今の自分自身とのあいだに距離を感じている方もいるかもしれません。

エネルギー問題や教育問題といった重要なテーマに関心があるけれど、「政治家が決めるようなことだから」と無力感を覚えたり、あるいは小さな一歩が大事ということは分かったけれど、「それでは社会は大きく変わらないんじゃないか？」と妙な焦《あせ》りを感じてしまったり。これは特に２０１１年の東日本大震災以降、多くの日本人が抱えているジレンマのひとつではないでしょうか。

『日本をソーシャルデザインする』と大命題を掲《かか》げた本書の目的は、日本の未来と自分自身の隙間を埋めていくことです。

この本には、身近な人のために「自分ごと」として始めたことが、みんなの「自分たちごと」となって、より大きな課題を解決していく事例がたくさん収録されています。なかには新しい仕組みとして社会に定着しつつあるプロジェクトや、世界から注目を集める日本発のアイデアも登場します。

新聞の一面に出てくるようなニュースももちろん重要ですが、本当は人それぞれ、一面記事は違うはず。どこかの誰かに優先順位を決められるのではなく、自分がどうしても気になる課題の解決を人任せにするのでもなく、自分たちの手でもっと素敵な「日本の未来」を作っていく——。

ソーシャルデザインのためのヒントを発信するウェブマガジン「greenz.jp」を日々運営するなかで、いま以上に社会の変化の兆《きざ》しを、その手応《てごた》えを感じるときはありません。そう、日本はいま、確実に変わりつつあるのです。

「他人ごと」から「自分ごと」へ。
「独占」から「共有」へ。
「お金」から「いのち」へ。
そして、「変える」から「つくる」へ。

現在進行形のソーシャルデザインの旅を、よかったらご一緒しませんか？
この本が、あなたへの招待状です。

第１章
身近なところに種がある

サプライズによって幸せの循環を生み出す「サンタのよめ」

あなたの大切な人がうれしそうな顔をしているとき、同じようにハッピーな気持ちになりませんか？　逆も同じで、あなたが幸せなら誰かが幸せな気持ちになり、それはまた違う誰かの幸せにもなります。

でも実際には幸せを感じられず、自己否定に陥《おちい》ってしまっている人がいるのも事実。日本ではここ数年、年間自殺者が三万人ほどと、自殺死亡率は世界的に見ても高水準で推移しています。データを見ると難しく考えてしまいがちですが、その前に、まずは自分自身と身近な人から幸せの循環を生み出していきたい。そんな思いから始まったプロジェクトが「サンタのよめ」です。

「サンタのよめ」は、プレゼントやサプライズを通して、みんなが幸せを感じるきっかけを作るプロジェクト。「両親の記念日をお祝いしたい」「友人の誕生日にサプライズを仕掛けたい」など、プレゼントを考えている人やサプライズを仕掛けたい人（依頼主）から相手について詳しくヒアリングすることから始め、依頼主にしかできない心の込もったプレゼント企画を一緒に考案します。そして当日も裏方として、さまざまなかたちで企画実行のお手伝いをするのです。

たとえば、誕生日にアメリカへ出張に出かける女性のため、親しい友人14人が仕掛けたのは空港でのサプライズ企画。何も知らずに空港に着いた彼女の前に仲間が次々と現れ、謎の古文書《こもんじょ》や地図を手渡しました。それに従って進んだ彼女を、最後は全員がお揃《そろ》いのTシャツで迎え、盛大に誕生日をお祝いしたのです。企画から実行まで、「サンタのよめ」がサポートした思いがけないサプライズに、この女性は「この誕生日は一生忘れない！　人生が変わった」と、涙を流しながら喜んだそうです。

その他にも、会社の前までリムジンでお迎えして友人の誕生日をお祝いしたり、尊敬する会社の大先輩を突然浴衣《ゆかた》に着替えさせて花火大会に連れ去ってしまったり、母親が主人公のオリジナル紙芝居《かみしばい》を作って感謝の気持ちを伝えたり……。「サンタのよめ」のサプライズはどれもユニークで、依頼者の愛情がたっぷり込められたもの。その現場はいつもとびきりの笑顔とやさしい涙で溢《あふ》れています。

また、プレゼントやサプライズの対象が特定の「誰か」や特別な「記念日」だけにとどまらないことも特徴です。たとえば、サンタに扮《ふん》した仕掛人が図書館で手に取った本の中から心に残った言葉をメモしてそこに挟み、そっと本棚に戻す「図書館サンタ」は、不特定多数の誰かに向けてのサプライズ企画。偶然本を手に取った誰かがメモを読んだときに感じる小さな幸せをつなげていきたい、という思いから企画されました。他にもみんなでプレゼントのアイデアを考える「小《こ》人《びと》たちのプレゼント会議」などのイベントや、サンタのように贈り物を届けて生きる人々を増やす「サンタ学校」といったワークショップも定期的に開催してい

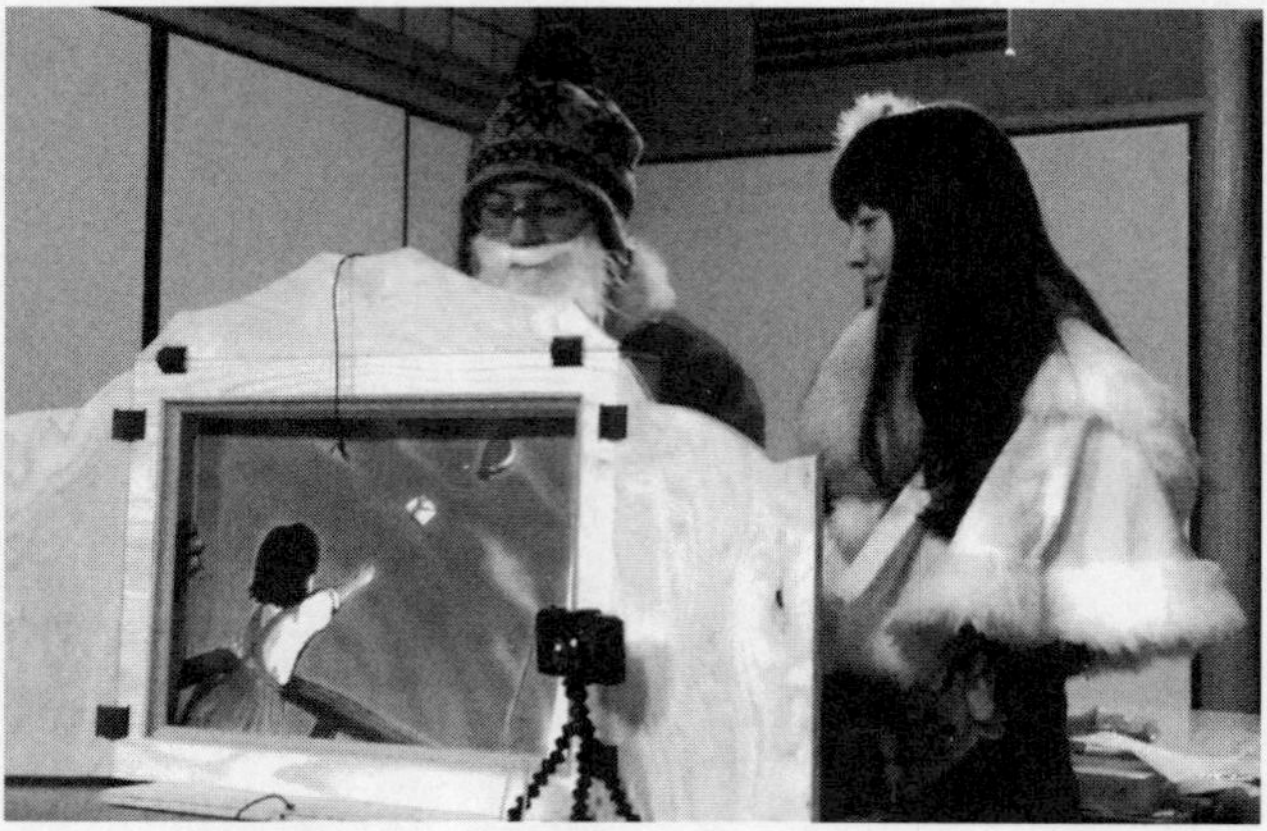

依頼主の母親が主人公のオリジナル紙芝居。

ます。

ウェブサイトには個々人が行ったサプライズも投稿できるので、誰でも「サプライズのデータベース」として参照することができます。このようにもともとお祝いしたい気持ちがある人のみならず、みんなが誰かのことを想い、身近な人を大切にするきっかけを作ること。これが、「サンタのよめ」の仕事なのです。

発起人《ほっきにん》は、子どもの頃からプレゼントを贈ることが大好きだったという平見《ひらみ》真紀さん。フリーのライターとして働いていた平見さんは、ある日ブログに「もし、職業やお金のことを考えなくてもいいのなら〝サンタのよめ〟になりたい」と夢を綴《つづ》りました。いつもサンタの横にいて、プレゼントを考えることを仕事としているような〝サンタのよめ〟を「理想の職業」と考えていたのです。しかしこのブログを書いた当時、彼女は社会の役に立ちたいと思いながらも、何から始めればいいか分からず悩んでいました。

平見さんの転機は、その数カ月後、友人の勧めで参加したワークショップでした。社会に対してアクションを起こしていこうとする人々と出会い、問題ばかり考えて目の前にいる人や可能性を見ることを忘れてしまっていた自分に気がついたのです。

「もっと自分自身が喜べることに意識を向けよう」と思った彼女は、その場で思い切って〝サンタのよめ〟の話を披露《ひろう》してみました。すると、予想以上に多くの人たちが共感してくれて、自分の経験を話し、意見を言ってくれました。自信を得た彼女はその後、ブログで自分にとって最高の成功体験である、両親への結婚30周年サプライズ企画を紹介するなど、一人でできることから少しずつ始め、それに共感して集まってきた仲間とともに「サンタのよめ」プロジェクトを立ち上げるに至ったのです。

プロジェクト発足《ほっそく》から約2年のあいだに、「サンタのよめ」からサプライズを受け取った人は、のべ400人以上になりました。平見さんは今、プレゼントから生まれる「幸せの循環」を実感していると言います。

「プレゼントを受け取ると〝自分はこんなに愛されているんだ〟と実感することができるし、〝自分も誰かに何かしてあげたい〟という気持ちになります。祝福してもらったことで自分の中に愛が溜まって、他の人にもそれを渡せるような感覚。そうやって、どんどん幸せの循環が生まれています」

実際、「サンタのよめ」のプロジェクト参加者のあいだでは、自発的にサプライズを企画しプレゼントをする人が頻出《ひんしゅつ》するようになりました。生まれて初めて父親に手紙を書き、親子でよく話をするようになった人、控えめな性格だったのに、前述の空港の企画に参加したことがきっかけで、その後、友人の結婚サプライズパーティのリーダー役を務めるようになった人。平見さんの元には、そうした人たちから「贈り物をおくる喜びに気づいた」といった言葉が届いているそうです。

「サンタのよめ」は現在、ゲーム形式で街づくりのアイデアを発想するワークショップのデザインに取り組んだり、イラストレーターとともに「幸せの循環」を絵本にする計画を立てたりと、お話を作る才能を活《い》かしたコラボレーションを進めています。

当初は社会に目がいっていた平見さんですが、自分の姿勢や見方を変え、「まずは自分自身を満たすこと」を考え始めた結果、プロジェクトに接した多くの人々の心や行動を変え、結局は社会に変化をもたらすことにつながりました。切実に「自分ごと」であること、それこそが共感につながり、社会が変わるきっかけとなる。「サンタのよめ」は、そんなことを感じさせてくれるプロジェクトです。（池田美砂子）

家を建てながら「ご近所付き合い」も
デザインしてしまう「いえつく」

若い世代を中心に、ご近所付き合いは希薄になっています。内閣府の実施した「社会意識に関する世論調査」（2012年1月発表）では、現在住んでいる地域での付き合いの程度に関して、「よく付き合っている」「ある程度付き合っている」と答えた人が全世代では69・3%なのに対し、30代は51・1%、20代は39・3%と、若い世代ほど低い値を示しています。一方、「地域での付き合いは必要ない」と考える人の割合は、20代でもたったの1・2%（30代は0・6%）。必要性を感じながらも、理想と現実のあいだにはギャップがあるようです。

この問題に、これまでにない視点からアプローチしたのが「いえつく」プロジェクト。「自分が家を建てるなら、その場所に根を張って暮らしたい。ご近所とも気軽に付き合える関係性を作っていきたい」という個人的な思いから始まった、〝ご近所付き合いをデザインする〟取り組みです。

プロジェクトの発起人は、結婚を機に東京都杉並区に新しく家を建てることを決めた角田大輔さんと、同じ大学の建築学科に在籍していた友人5人。ご近所付き合いを新たに始めるために彼らが着目したのは、家が建つまでの工事期間でした。普通なら近隣住民と顔を合わせることのない約半年の施工《せこう》期間にご近所付き合いのきっかけを作ろうと、ユニークな仕掛けを次々に展開していったのです。

最初に手掛けたのは、等身大の看板です。建設予定地に、家を建てる二人（角田さんと奥さん）のシルエットを象《かたど》ったインパクトのある看板を設置しました。「ここに住む人」として名前と年齢、職業、出身地などの情報を明記したほか、「街の魅力に惹《ひ》かれ、人とのつながりの強さを感じたため」という「この街を選んだ理由」も記載。見慣れない看板の登場に、通りがかった人々は思わず足を止めて見入り、まずは彼らの存在を知ることになりました。

次なる作戦は、「青空ネイル」です。角田さんの奥さんはネイリストで、新しく建つ家でネイルサロンを営業する予定でした。そこで、街のお祭りに合わせて建設予定地で二日間限定の屋外ネイルサロンを、ネイルケア1回1000円という通常の半額でオープンし、同時に将来のサロン開店のお知らせもしました。開放的で気軽な雰囲気の「青空ネイル」には、多くのご近所さんが来店し、言葉を交わすきっかけとなりました。

工事が進み、家に養生《ようじょう》シートが掛けられると、今度はそのシートにたくさんの絵馬《えま》をぶら下げました。通りがかるご近所さんにメッセージを書くよう呼びかけたところ、「ステキなお家ができますように」などと記された40枚以上の絵馬がずらりと並び、どんどんコミュニケーションが増えていきました。

ゴールは、竣工《しゅんこう》後の「ご近所祭」です。

工事中の迷惑に対するお詫《わ》びと今後の挨拶の意味を込めて、ご近所のみなさんを新居に招待しました。当日は、大人と子どもを合わせて17人のご近所さんが大集合。その場で初めて顔を合わせた方も多く、それぞれが自己紹介をする姿も見られました。角田家の挨拶のために開催した「ご近所祭」でしたが、近隣に住む人々の出会いの場としても機能したのです。

こうして角田夫妻は、２０１１年11月から新しい家で暮らし始めました。『いえつく』プロジェクトのおかげで、住み始めて一年も経たないうちに多くの知人ができ、すれ違ったときに世間話をする関係を作れました。知り合いがいると、地域を大事に思う心が芽生《めば》えますね。この場所に根を張って暮らすことへの第一歩になったと思います」と、角田さん。このプロジェクトにかかった費用は、看板や養生シートなど総額約10万円とのことですが、角田さんは、築き上げた現在のご近所さんとの関係性に、お金には換え難い価値を感じているようです。

そもそも「いえつく」は、普段はそれぞれ企業に所属し、建築設計、広告、グラフィックデザインなどに従事する大学時代の仲間（結成当初は5人、のちに6人）が仕事以外の時間を使って始めたプロジェクトです。２００５年の結成以来、「家づくりを純粋に楽しむ」ことをコンセプトに、三角形の敷地の現代風長屋、古倉庫をリノベーションした美容室など、ユニークで遊び心のある建物を次々に手掛けてきました。

転機は、とある物件の着工直後、建築現場の隣の住居で老人が孤独死してしまうというショッキングな出来事でした。「孤独死がこんなに身近な問題だったんだ」という気づきから、それ以来、人とのつながりを強く意識するようになったのです。

「建築は、建物を作るだけで終わり、じゃないと思います。作っても、人が集まる空間じゃないと意味がない。そこに関わる人の行動にも作用するような、人と人、人と社会の関係性への介入もしていきたいと思っています」と、メンバーの水野義人さん。現在進行中のプロジェクトでも、その地域に合ったかたちでご近所付き合いのスタートを演出しようと、施主《せしゅ》と話し合いを進めているそうです。

建築の視点から、ご近所付き合いを始めるためのきっかけをつくることができる。住宅という限られたスペースから路地や通りへと空間を拡張することで、より豊かな暮らしが生まれ、街へと広がっていくことを、「いえつく」は実にユニークな方法で

実証してくれたのです。（池田美砂子）

9歳の男の子が街の公園を救う！
手づくりレモネードスタンドの物語

子どもたちの想像力と勇気から生まれたアイデアが、ときに社会に大きな変化をもたらすことがあります。アメリカのある小さな街の公園を救ったのも、たった9歳の男の子でした。

「レモネードはいかがですか？」　家の前にちょこんと建てられた、小さくてカラフルな手づくりレモネードスタンド。店長はジョシュア・スミス君（9歳）。夏の日差しを受けながら、オーガニックレモネードに、海塩《かいえん》のポップコーン、フルーツパンチとこだわりの商品を並べて、友達と一緒に夕方の5時から8時まで販売しました。次の日も、またその次の日も、大好きなサッカーも我慢して、毎日レモネードを売り続けたのには、ある理由がありました。

ジョシュア君の住むアメリカのデトロイト市は、街の代名詞だった自動車産業が長期的に低迷したことで、深刻な財政危機に陥っていました。公共サービスはままならず、大好きな公園「Zussman Playground（ザスマン・プレイグラウンド）」も手入れされずに放置。子どもたちの背よりも高い草がボーボーに生えたゴミだらけの場所には危険だから行ってはダメ！と、ジョシュア君も両親から言われていました。

公園で遊べないことに不満を募《つの》らせていたある日、彼は偶然聞いたラジオで街の危機を知ります。市の厳しい財政状況

左下がジョジュア君。

が、今の遊び場をめぐる状況の要因だと母親のロンダさんが説明すると、ジョシュア君は自分で稼いでこの問題を何とかしようと考えました。そこで思い浮かんだのが、レモネードスタンドだったのです。

レモネードスタンドは、商売を学びながらお小遣いも稼げるため、アメリカでは子どもたちに大人気のイベント。すっかり夏の風物詩《ふうぶつし》となっています。その目的の多くは「おもちゃを買いたい」「ディズニーランドに行きたい」といった微笑ましいものですが、ジョシュア君の目的はただひとつ「僕たちの公園を遊べるようにしたい！」ということでした。

そのアイデアのヒントとなったのが、小児がんと闘いながら、治療薬の研究費や闘病生活の資金集めのために8歳で亡くなるまでレモネードを売り続けた少女アレックス・スコットちゃんの存在です。彼女が大好きだった"When life gives you lemons, just make lemonade."（人生がすっぱいレモンをくれるなら、それで甘いレモネードを作ったらいいのよ）という言葉が、ジョシュア君をはじめ多くの子どもたちの心を動かしました。

父親のフリンさんは息子のアイデアを最初に聞いたとき、小さなレモネードスタンドの売上では市の財政を救えないと正直思いました。それでもジョシュア君の熱意を全力で応援しようと、一緒にレモネードやポップコーンの準備を始めます。母親のロンダさんはフェイスブックやチラシを駆使して、近所の人々へのPRを手伝いました。

最初のお客さんは、隣の家のロバートおじいちゃん。「こんなに小さな子が街のために頑張っていて感動した」と代金より少し多めに払ってくれました。その後も、何も買わずにお金の寄付だけしてくれる人や、100ドルを置いていく人など、その活動に賛同する人々が続出。また、その様子が地元のニュースで放送されると、アメリカ全土だけでなくカナダやイタリアの新聞でも紹介され、インターネットを通じて世界中で大きな話題となっていきました。

「僕は公園で遊びたいんだ！　みんなの力を貸して！」　ジョシュア君の必死の言葉が、荒廃した公園に見慣れて、あきらめてしまっていた大人たちの気持ちに、少しずつ火をつけていきます。気持ちの込もったレモネードは人々を笑顔にしていき、ある人は彼にハグや握手を求め、「君のおかげで、街にもう一度希望を持つことができた」と感謝する人も。その結果、たった5日間で、目標だった1000ドルを超える約

3600ドルが集まったのです。

ジョシュア君が市長に直接電話をし、集まったお金の寄付を申し出ると、彼の志《こころざし》に感動した市長はZussman Playgroundの整備を約束しました。また、彼の姿を見た地元の造園家やボランティア団体も立ち上がります。彼らが一気に草を刈り、ゴミを片付けてくれたおかげで、公園は見違えるように綺麗に。さらに企業から遊具が贈られたり、市内の他の公園には大きなカエデの樹も植えられたりするなど、街を変えようとする行動は人々のあいだで連鎖していきました。念願叶《かな》ったジョシュア君は、今では公園で元気いっぱい駆け回っているそうです。

この小さな起業家はその後、市に貢献した人物に贈られる「スピリット・オブ・デトロイト」賞を受賞。ある銀行のユース起業家プログラムでは参加者の代表を務め、同市で開催された「TEDxDetroit」（画期的なアイデアを広めるための講演会「TED」の派生イベント）では最年少スピーカーとして堂々と自身の活動を語りました。

最近では「レモネードスタンドを誰かのために始めたい！」というアレックスちゃんやジョシュア君のような子どもも増えています。日本でも、2012年の6月12日

「アレックスのレモネードスタンドデー」（アレックスちゃんの目標だった「全米50州すべてで子どもによるレモネードスタンドがオープン」が達成された日）の前後に、東日本大震災の復興支援のため、プレッツェル専門店「アンティ・アンズ」と民間学童保育「キッズベースキャンプ」が手を組み、日本の子どもたちによるレモネード販売が始まったそうです。

これから日本でも、レモネードスタンドがどんどん広がっていくかもしれません。もし、あなたの街で小さな起業家を見かけたら、一生懸命なその背中をそっと押してみてあげてください。（鳥居真樹）

思いを込めたファーストシューズを手づくりできる「ウメロイーク」

身の周りにある大切なものを思い浮かべるとき、それにまつわるストーリーも思い出すものです。就職祝いとして両親に買ってもらったスーツ、恋人と初めてドライブしたときに聴いたCD……。なかでも私たちの心に強く残るストーリーのひとつが、

「手づくり」ではないでしょうか。

「子どもができて、自分の手で作りたいという強い思いが湧《わ》いてきました。それは母親になって初めて分かった気持ちです」と語るのは、ベビーシューズブランド「ウメロイーク」のデザイナー・本田晶《あき》さん。それまで大人向けの靴を企画する仕事をしていた本田さんは、出産を機に感じたこの思いを形にしようと、同じ時期に母親になった同級生の立石ゆう子さんとともにベビーシューズづくりを始めました。

二人が思いついたのは、同じように「手づくりをしたい」という思いを抱いたお母さんたちが誰でも手軽にベビーシューズを作れるキットを制作すること。赤ちゃんが初めて足を踏み入れる記念の一足をお母さん自身に手づくりしてもらおう、というアイデアです。さっそく市販の手づくりキットを探しましたが、見つけたものはどれもゴムやビニール製で、形も頑丈ではなく、靴づくりを生業《なりわい》としてきた二人がほしいものとはかけ離れた商品ばかりでした。そこで二人は、お互いの経験や思いを話し合いながら、母親として「本当にほしい」と素直に感じるものを形にしてみることにしました。

子どもの足首をしっかりとホールドできる形状にし、柔らかくて子どもにも安心の天然素材「タンニンなめし」の革を使用するなど、デザインや素材を徹底的に追求。自分たちの妊娠《にんしん》時の経験を活かし、妊娠中のお母さんが作るときに気分が悪くならないよう、通常の靴づくりに必要な溶剤《ようざい》やノリを使わない仕様にしました。キットには、革でできたパーツと一緒に、針と糸、その他の必要な部品をすべて同梱《どうこん》。作る人が何も用意しなくても、説明書に従って手を動かすだけで一足のベビーシューズが完成するようなキットを作り上げました。

2010年春、こうして完成したサンプル品を展示会で発表したところ、「作ってみたい」「面白い」と来場者の共感を呼び、さっそく百貨店5店舗での取り扱いが決定しました。サイズはお宮参《みやまい》りといった歩き始める前のおでかけにぴったりの9センチ（8190円〜）と、歩き始めにちょうどいい12センチ（8400円〜）の2種類。カラーも無地6色にくわえ4種類のプリント柄も選べるように商品のバリエーションを増やしたところ、店舗からの引き合いも着実に増えていきました。2013年1月現在、大手百貨店や雑貨店、インテリアショップなど、全国30店舗以上で販売されてい

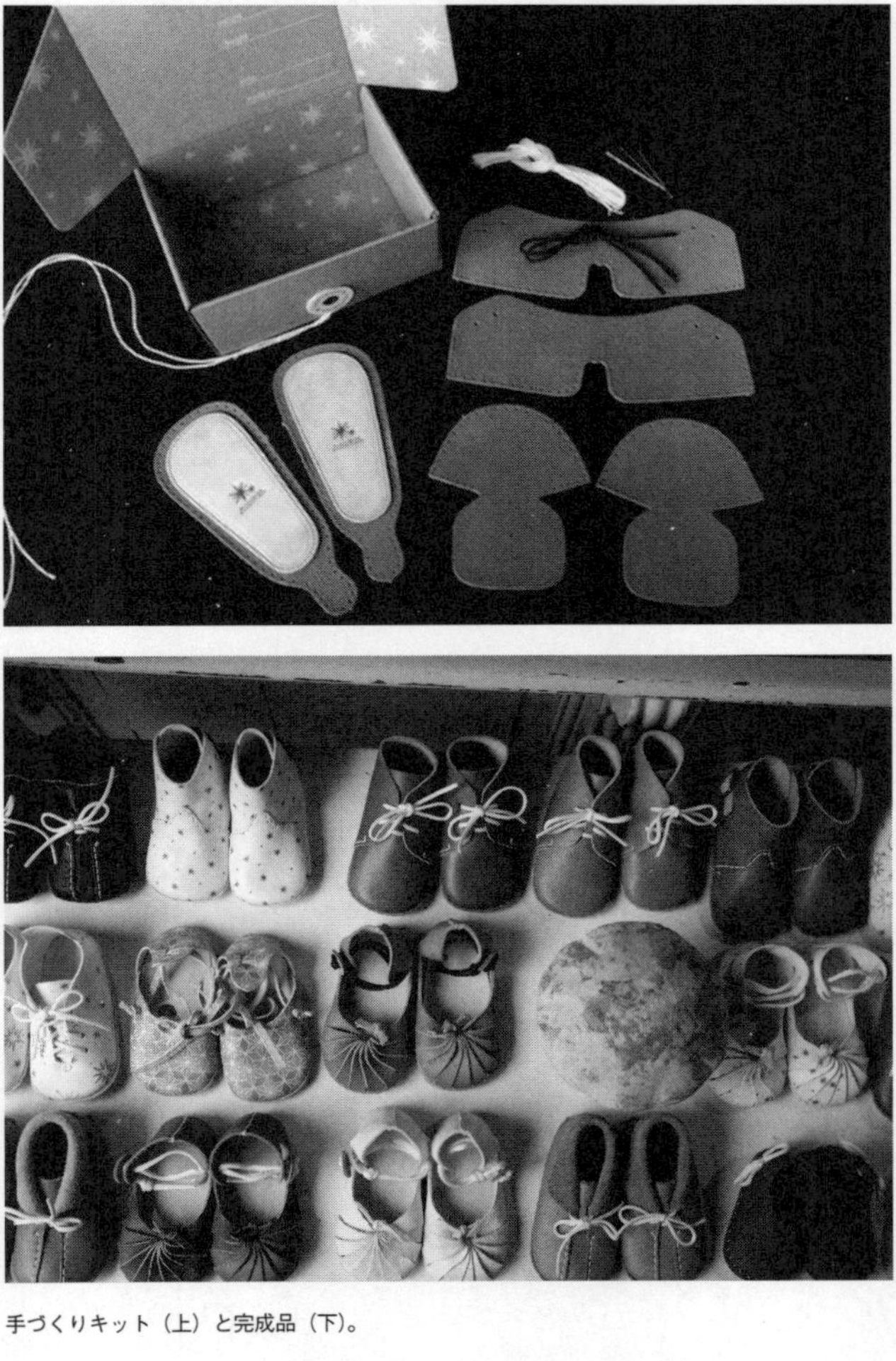

手づくりキット（上）と完成品（下）。

るほか、オンラインショップでも取り扱いがあります。

商品化から約3年のあいだに、本田さんと立石さんの二人が一点ずつ手づくりで生産したシューズキットは、約4500足分。お子さんの成長の証《あかし》としてだけでなく、出産祝いとしても喜ばれています。キットを使ったワークショップが百貨店などで開催されるようになり、おじいちゃん、おばあちゃんと一緒に参加するパパやママもいて、家族のコミュニケーションを生み出す役割も果たしているようです。

本田さんは、自身のエピソードをこう語ります。「私は自分の子どものために、このシューズキットで3足作りました。5歳になった息子は当然どれも履けなくなってしまったのですが、今でもつま先だけ入れて履こうとします。特別な靴だということを感じているのでしょうね」。手づくりすることで商品に思い出がプラスされ、親だけではなく、子どもにとっても思い入れのある一足になる。キットを購入した人からも、喜んで靴を履く子どもたちの様子を伝える声が続々と届いているそうです。

株式会社ウメロイークの代表取締役・本田幹人さん（本田晶さんのご主人）は、「現状ではビジネスとして成功しているとは言い難い」と言います。それでも、重要視したいのは、ビジネスチャンスを瞬間的に摑《つか》むことよりも、共感されるブランドを継続していくことです。「ものは、使い手の精神的な満足感がなければ、それ自体が朽《く》ち果《は》てたときに何も残らなくなってしまいます。使う人の心の中に永遠に残り続けるようなものづくりを目指すべきだと考えています」と、幹人さんは語ります。

その思いは奥さんの晶さんも同じです。以前、企業で靴の企画・制作に携わっていたとき、「自分がほしい」という感情より「流行《はや》っている」という理由で靴が量産され、単なるビジネスの手段になっている状況に疑問を感じていました。利益のためだけではなく、自分の「ほしい」という素直な思いを商品化しよう。そうして作られたのが、ウメロイークのシューズキットだったのです。

このような考えから販路やブランドイメージにもこだわるウメロイークですが、2013年1月には、こだわりを持って商品開発を進める人気アパレルブランド「BAPE KIDS®（ベイプキッズ）」とのコラボレーション商品を発表しました。「ウメロイークのファーストシューズキットには温かみを感じる」という先方の言葉から企画がスタートしたとのことです。今後はさらに、購入者の声をもとにキットに改良を加えたり、もう少し成長したお子さんでも履けるような子ども靴の開発にも着手する予定。「ママ二人で作っているブランドならではの、母親が子どものために本当にほしいと思う気持ちをこれからも大切にしたい」と本田（晶）さんは語ります。

「子を思う母親による手づくり」というストーリーが、ウメロイークのシューズを特別なものにしているように、ものの価値はしばしばその背景にあるストーリーが担います。これは、ものづくりのみならず、社会のデザインにおいても同じことかもしれません。（池田美砂子）

死別を経験した人をお寺を起点にサポートする「リヴオン」

誰もがいつか大切な人を亡くす日を迎えます。命はいつか絶えるものだと知りながらも、家族やパートナー、愛する友人の死は受け入れがたいもの。後悔や無力感、ときには強い怒りが湧き起こることもあります。

大切な人やものを失ったときに生まれる感情、状態、プロセスは「グリーフ（grief）」

と呼ばれます。グリーフの状態にある人に対して、周囲は「早く元気を出して！」と励ましたり、「いつまでも悲しんでいてはいけない」という言葉をかけてしまいがち。でも、何より大切なのは、「大きな喪失感を抱いている人の感じ方や反応は人それぞれである」ことをそのまま受けとめること。そして「今の状態は自然なものだからその思いのままにいていいんだよ」と接すること。その人の感じたままを尊重しながら、死別の経験をしっかりと受けとめるようにサポートすることを「グリーフサポート」と言います。

一般社団法人リヴオン代表の尾角光美《おかくてるみ》さんは、大学入学を目前に控えた19歳の春にお母さんの自殺を経験しました。「あのとき、私がお母さんの手を離さなければ」。自責の念と悲しみに沈む日々を支えてくれたのは、やはり尾角さんの思いを大事にしながらサポートしてくれた友人たちの存在でした。

やがて尾角さんは、「自分が受けたサポートを恩送《おんおく》りしよう」と、自らと同じように自死《じし》で親を亡くした遺児たちの自助《じじょ》グループを作るなど、グリーフサポートの活動をスタート。もともとは「亡き母への想い」を見つめる日として始まったという母の日の原点を知り、全国から集まった「亡き母への手紙」を編纂《へんさん》した『102年目の母の日～亡き母へのメッセージ～』（長崎出版、2009年）を出版。全国各地の自治体や教育機関などで、「死」に直面したときにどう自分の心と向き合うのかを学ぶ「いのちの授業」をはじめとする講演や研修を行っています。

活動をしていくなかで「死別を経験した人たちにどうしたら確実にサポートを届けられるのか」と模索していた尾角さんは、アメリカでは牧師や僧侶などが当たり前のようにグリーフサポートに関わっていること、日本の年忌法要《ねんきほうよう》（法事）や月参《つきまい》りが定期的なグリーフケアができる優れた仕組みとして取り入れられていることを知り、お寺と一緒に何かできないかと思うようになりました。

葬儀は近親者の死を共有する最初の儀式。葬儀のことはもちろん、死別後の困りごとなどを相談できる信頼関係をお坊さんと遺族のあいだに築くことができれば、そこからグリーフサポートは生まれてきます。

日本の場合、葬儀のほとんどは仏式《ぶっしき》です。その担い手はお坊さんとお寺、そして葬儀社。全国のお寺はコンビニの数（50000軒）をはるかに上回る77000カ寺、お坊さんの数は約35万人にものぼります（文化庁「宗教年鑑」2011年）。「日常的に遺族と接しているお坊さんや葬儀社に働きかければ、グリーフサポートの輪が一気に広がるのではないか」。そう考え始めた頃、真宗大谷派《しんしゅうおおたには》の研修会で講演をした尾角さんのもとに「ずっと、お寺でグリーフケアをやりたかったんです！」というお坊さんが現れたのです。

この出会いは、2010年11月から石川県小松市・勝光寺《しょうこうじ》で開催された全5回の「お寺で作るグリーフサポート連続講座」として実を結びました。尾角さんはこの講座を、アメリカの「ダギーセンター」（アメリカ最大級の遺児支援団体）で学んだグリーフケアのメソッドと、学生時代に体験したワークショップづくりの考え方を組み合わせてデザイン。尾角さん自身はあくまで〝お産婆《さんば》さん〟として関わり、それぞれが独立して活動を続けていけるコミュニティを生み出すことを目標に据《す》えて臨みました。講座が終わったときには、グリーフケアの学びの場「グリーフシェアリング小松」と遺族が集い語り合う場「ともいき」の2団体が誕生。今も、それぞれに活動を継続しています。

お寺の未来を担う20代の若手のお坊さんたちもリヴオンの活動に共感し、若者を対象としたイベントを一緒に企画しています。お寺は本来、死に際してだけではなく生きているあいだも「いのちを考える場」。死別経験のある人もない人も共に集い、つながる場として寺を活かせたらと考えるお坊さんたちと一緒に、お寺から変わる未来〝寺ルネッサンス〟を描き始めています。

尾角さんの夢は、死に直面する職に就《つ》いている当事者や遺族が命について学べる学校を作ることです。その手始めとして、2013年には「弔《とむら》いの未来をつくる百年塾」を開講予定。講師には、ザ・リッツ・カールトン・ホテル・カンパニー初代日本支社長・高野登さんや、葬儀をグリーフサポートの場として捉えている葬儀社の人やお坊さんを迎え、葬儀の可能性について前向きに対話する場になりそうです。

「いつ、どこで、大切な人を亡くしても、その人が必要とするサポートを確実に得られる社会を実現する」未来に向けて、尾角さんは一歩ずつ確実に歩んでいるのです。

（杉本恭子）

「小さなありがとう」を伝えるソーシャルな贈り物サービス「giftee」

フェイスブックのユーザー数は世界で10億人を超え、日本でも推定で1300万人を超えています（2013年2月時点）。こうしたソーシャル・ネットワーキング・サービス（以下SNS）の普及によって、知り合いの誕生日や結婚式などお祝いしたいイベントを把握しやすくなった一方、すべての友人に直接会って祝うことができないもどかしさを感じることも多くなったかもしれません。

「いいね！」ボタンを押したり、「おめでとう！」とコメントしたりするだけでなく、もう少し自分の気持ちを相手に届けたい。その問題を解決するのが「小さなありがとう」を贈ることをコンセプトにしたウェブサービス「giftee（ギフティ）」です。このサービスを使えばフェイスブックやツイッターなどでつながっている、住所が分からない友人にも、SNSを通じてプレゼントを贈ることができるのです。

贈り物の種類はコーヒーやスイーツ、ビールからフラワーアートまで、数百円から

1000円台の少額のものが中心。贈りたい人はまずフェイスブックやツイッターのアカウントを使用してログインし、相手のアカウントを指定して何を贈るかを選びます。あとはメッセージを添えて、ボタンを押すだけ。贈られた人は受け取ったギフトコードをお店で見せると、プレゼントを手にすることができます。

giftee ではSNSを通じてギフトが贈られるため、その様子を周りの友達も見ることができます。ただ一人の相手に贈り物をするだけでなく、贈り手の感謝やお祝いの気持ちというポジティブなメッセージが、周りの友人にも伝播《でんぱ》する仕組みになっているのです。

giftee を運営する株式会社ギフティを創業した太田睦《むつみ》さんは「このサービスを作ったのは自分がほしかったから」と語ります。大学時代は友達の誕生日をよくサプライズでお祝いしていたけれど、社会人になると仕事が忙しく直接会ってお祝いできない。住所や連絡先が変わってしまっていることもあり、SNSが友人の誕生日を教えてくれても贈り物を届けることができないことに、不満を感じていたそうです。そこから giftee のアイデアを思いつきました。

太田さんは起業家を支援する株式会社Open Network Lab の3カ月間の育成プログラムに参加し、高い評価を受けます。多くの人々の協力を得ながらサービスを2010年11月にリリース。今でこそSNSを活用して贈り物をするソーシャルギフトサービスは多く登場していますが、giftee はその先駆けとなりました。

他のサービスと違ってユニークなのは、扱うギフトの種類、提携する店舗を一つひとつ厳選していること。話題のカフェや、おいしいと評判のクッキー屋さん、グッドデザイン賞の受賞経験もあるフラワーデザイナーが経営する花屋さん

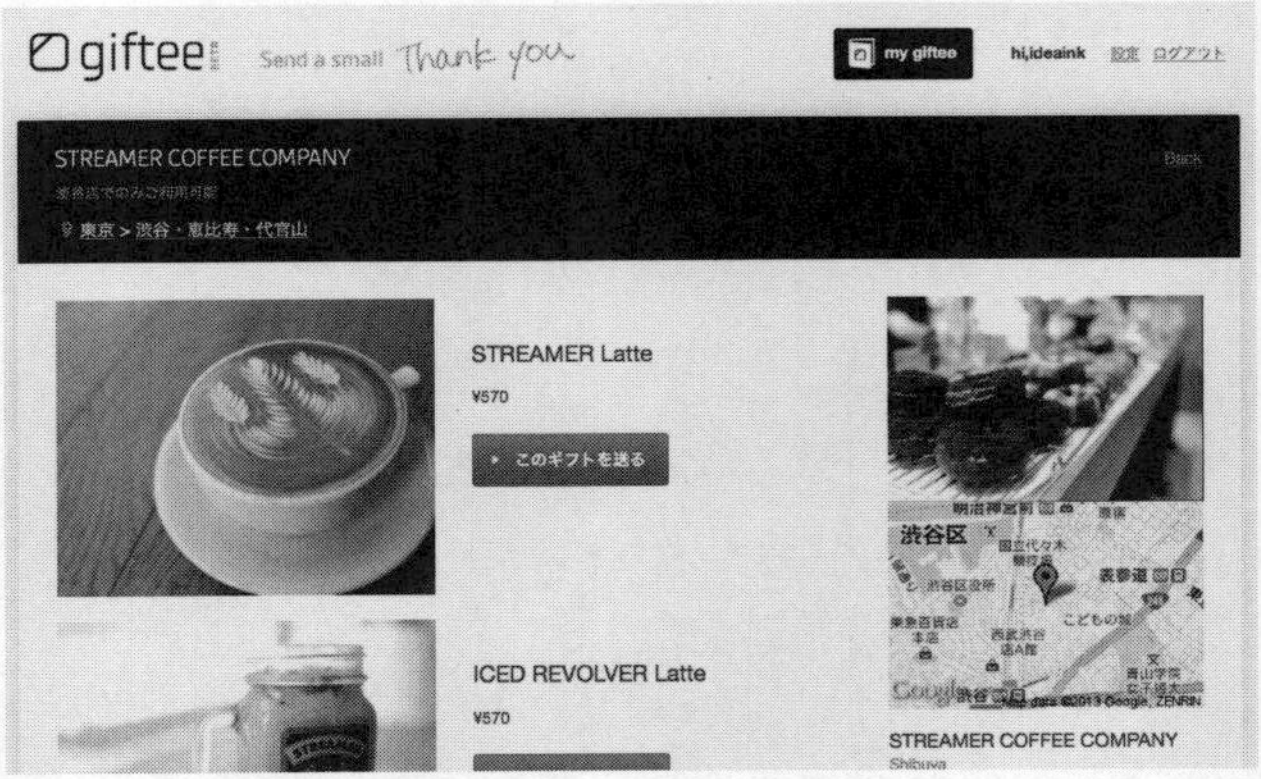

「giftee」オフィシャルサイトより。
http://giftee.co/

など、魅力的な顔ぶれが並びます。

そんな素敵なプレゼントを贈ることができるgifteeは、誕生日以外にもさまざまなシーンで利用されています。プロジェクトを手伝ってもらったお礼として、「残業で大変」とSNSに書き込んでいる友人への励ましとして。なかには、東京都から鳥取県まで自転車で移動しながらgifteeでプレゼントを募ったツワモノもいました。学生であまりお金がなかった彼は、行く先々でgifteeと提携しているコンビニエンスストアに立ち寄って、水や食料品など生活に必要なものを交換していきました。その様子はSNSで多くの人の目に触れ、さらにたくさんの人からプレゼントが集まったのです。

最初は数店舗との提携でスタートしたgifteeですが、現在ではファミリーマートや無印良品などの大手企業とも提携。会員数も1万人を超え、gifteeを通じて一日に贈られるギフトの数は300〜400件にものぼります。「小さなありがとう」を簡単に届けたいという太田さんの思いから始まったプロジェクトは、プレゼントを贈る喜び、そして受け取る幸せを、街に増やしているのです。（モリジュンヤ）

ソーシャルデザインTOOLKIT1
「自分ごと」を見つけるための「マイプロシート」

ソーシャルデザインは、その人にしかない問題意識＝「自分ごと」から始まります。自分にとってかけがえのないもの、自分が大事にしたいことに出会った瞬間に、あなたにしか描けない物語が生まれるのです。

でも、「自分ごと」を見つけるにはどうすればいいの？という方もいるかもしれません。ここではグリーンズが主催する「〝1DAY〟マイプロ学校」の手法をご紹介したいと思います。

「〝1DAY〟マイプロ学校」は、「マイプロジェクト」（自分発信のプロジェクト）を発見するためのワークショップです。ソーシャル・イノベーションの専門家である井上英之さんが作成したプログラムをもとにグリーンズがアレンジしたもので、「自分ごと」を基点として社会的な課題を解決していくための「ソーシャルデザイン思考」を体験することがその目的です。
最初のステップは、頭の中を「棚卸《たなおろ》し」すること。そこでワークショップの参加者には、事前に「マイプロシート」という宿題が課せられています。

マイプロシート

〈ME編〉
Q1　時間が経つのも忘れてしまうくらい、熱中していたことは？
A（　　　　　　　　　　　　　　　　　　　　　　　　）
Q2　他の人とはちょっと違う得意技は？
A（　　　　　　　　　　　　　　　　　　　　　　　　）
Q3　「自分らしい自分」「好きな自分」でいられるのは、何をしているとき？

A（　　　　　　　　　　　　　　　　　　　　）

〈ISSUE編〉

Q1　あなたがいま〝もやもや〟していることは？

A（　　　　　　　　　　　　　　　　　　　　）

Q2　あなたが住んでいる街について、「残念だなあ」と思うことは？

A（　　　　　　　　　　　　　　　　　　　　）

Q3　半年後に120％幸せになってほしい、と思う具体的な人は？

A（　　　　　　　　　　　　　　　　　　　　）

〈ME編〉はあなた自身を見つめ直すための、〈ISSUE編〉は社会的な課題に関する問いかけです。あなたがつい熱中してしまうこと、あなたにとってとても大切な人。それらはあまりに身近すぎてじっくり考えないことかもしれませんが、日々の暮らしの中でつい疎《おろそ》かにしてしまいがちな、本当の自分の声に耳を傾けることで、「自分ごと」の種を見つけることができるのです。

もし「マイプロジェクトを探している」という方がいたら、気軽に先のシートを埋めて、〈ME〉と〈ISSUE〉を掛け算してみてください。実は、「ISSUE×ME＝グッドアイデア」こそ、すべてのソーシャルデザインに共通する公式なのです。

「工事中から、いいご近所付き合いを」×「ネイルアートが得意」×「職業が建築家」
＝「いえつく」

「お世話になった仲間に、気軽に感謝を伝えたい」×「ソーシャルメディアが得意」
＝「giftee」

僕たちが醍醐味《だいごみ》を感じるのは、〈ISSUE〉にたくさんの〈ME〉を掛け合わせることで、予期せぬ方向へと無限にアイデアが広がっていくことです。

たとえば以前あるワークショップで、一人の参加者が「シャッター街にある高倉さんのさつま揚《あ》げをずっと食べ続けたい！　そのために街に賑《にぎ》わいを作りたい」という熱い思いを持っていました。また、同じチームには「のぞきが大好き」という女性の参加者がいました。その出会いから生まれたプロジェクトが、「シャッター街」×「のぞき大好き」＝「シャッタークエスト」です。

「あえて降りたままのシャッターを活かして、人を呼ぶにはどうしたらいいんだろう？」という問い（ISSUE）を設定。そこで、誰もが潜在的に持つ「のぞきたい」という欲求（ME）にフォーカスし、シャッターの郵便受けを興味をそそる「のぞき穴」に見立てて、その穴から見えるメモを頼りに問題をクリアしていくとクーポンがもらえるなど、さまざまな仕掛けを考案しました。その後「まえばしシャッタークエスト」として、実際に群馬県前橋市の商店街を巻き込んだ企画が進められています。

このアイデアが強く心に残るのは、「揚げ物屋の高倉さん」という具体的なストーリーと同時に、普段は街で素通りしそうな「のぞき穴」に注目したことでした。胸を張って「のぞき大好き！」と宣言したからこそ、街に眠っていた価値を再発見することができたのです。

〈ME編〉も〈ISSUE編〉も、ここに書き出してほしいのはあなた自身の言葉です。テレビや新聞で言われているから、ではなく自分の実体験から始める。世界を見つめる眼差《まなざ》しの解像度が高ければ高いほど、そして本当の自分の声と対話をすればするほど、誰にも真似できないあなたならではのアイデアに辿り着くことができます。

大切なのは、ちょっとした違和感を大切にすること、心に残るたくさんの原体験を持つこと。その積み重ねから見えてくる一筋の光が「自分ごと」であり、それこそが私たち一人ひとりにとっての生きる意味なのです。（兼松佳宏）

暮らしとソーシャルデザイン：三原寛子
手もとにある「食」という入口から社会について考える

「ソーシャルデザイン」というと、つい大きなことを考えがちですが、身近な暮らしの中にこそ、そのヒントがたくさんあります。たとえば私たちの暮らしの基本のひとつである「食」から、どんなソーシャルデザインの可能性が考えられるでしょうか？　ここでは、「食」をテーマに活躍する料理ユニット「南風食堂《なんぷうしょくどう》」の三原寛子さんに、ソーシャルデザインと暮らしの関係についてお話を伺いました。

――いつもどんな活動をされているんですか？

主にケータリングをしたり、料理についての本を出版したり、企業にレシピを提案したりしています。グリーンズっぽい話でいうと、2012年の秋に半月間、栃木県益子町で「電気・ガス・水道を使わない」食堂を運営しました。すっごく大変でしたが（笑）。

他にも、恵比寿のギャラリーでやったインスタレーション「オオカミと娘」の展示では、岐阜県郡上市大和町《ぐじょうしやまとちょう》の若猟師に鹿《しか》を持ってきてもらって解体してもらったり。これらの活動も特に社会性を意識しているわけではなく、「食」を通じて伝えられることに、南風食堂らしく取り組んでいる感じですね。

最近の活動でいうと、震災後に引越しをした友達が多いこともあり、よく地方に行っています。「自分たちの能力を生きるために必要なものと交換して、どれくらい豊かに暮らせるのか」ということに興味があって、2012年の秋には友達と車で1カ月間、関西、四国、九州と旅をして、各地のイベントに顔を出しては、料理や音楽や映像など、みんなができる表現をふるまいながら過ごしていました。

――それは楽しそうですね(笑)。

そのツアーでは、色んな可能性に気づきましたね。たとえば「イベントの入場料は野菜」という「ギブ・ミー・ベジタブル」という仕組みを始めてみました。野菜を持ってきてくれたら、それを素材に料理人が即興で料理を作るというだけなのですが、これが面白くって。

もともと池田社長君という友達が、「お金が対価じゃない経済もあるのでは?」と思いついたプロジェクトで、私を含む料理人にとっては「そこに新鮮なカボチャがあるから」という理由で料理をするので、なんだか純粋に楽しい。お客さんも、持ってきた野菜がみるみるおいしそうな料理として出されてくるから、ずっと笑顔なんです。出演する音楽家もギャラが野菜なんですけど、みんな笑っているから、ここで歌いたいっていうことになる。なんだか不思議な楽しさがあったんです。

そこで気づいたのは、「いただいたお金に相当するだけの何かを返さなくては」と、それまでは妙な思い込みを持ってしまっていたということでした。別にお金が悪いとか、そういう意味じゃないんですが、その思い込みから自由になると、「何に価値を感じているのか」について深く考えるようになるし、逆にお金の活かし方が見えてくる。そんな新鮮な体験が、野菜を対価にしたときに見えてきたんです。

――今まで当たり前とされていたことが、実は当たり前ではなかった、ということですね。

そうですね。もうひとつ旅をしながら学んだのが、「そこに集まってくれた身近な人が笑顔になってくれることはうれしい」というシンプルなことでした。震災直後は「自分には何もできない」という無力感ばかりが募ったり、「これは反対！」みたいな感情的な反応も多かったけど、最近は自分たちが楽しいと思うことを自ら作っていくことからエネルギーが湧いてくるのを実感しています。

最近特に思うのは、コミュニティづくりにおいて食が果たす役割は大きい、ということです。やっぱりご飯を食べながら話すと、知らない人同士でも仲良くなりますよね。何というか、〝ひと〟としてつながれる感じがする。南風食堂はたまに、公園に一枚の皿を持ち寄ってみんなで食べる「ワンプレート・ギャザリング」というイベントをやったり、クリエイティブ・ディレクターの森本千絵さんと「酒と食のgoen。」というイベントを開催したりしているのですが、「ただ集まって食べる」だけの仕掛けなのにみんな勝手に遊び出して楽しそうなんです。普段は知らない人に話しかけたりはしないけど、料理があるとなぜか自然に知らない人同士でも会話が始まり、その出会いから生まれた縁《えん》やプロジェクトもたくさんあるんです。

——三原さんの周りには、いつも愉快なプロジェクトが生まれていますよね。暮らしの中の気づきをプロジェクトにするにはどうしたらいいのでしょうか。

ありきたりかもしれませんが、考えていることを普段からシェアできる友達がいるかどうかが大きいですね。人に話すだけでもアイデアは深まります。自分だけのアイデアと閉じ込めずに外に開いて、人との縁に委《ゆだ》ねていくと、助けてくれる人を紹介してもらえたりして、想像以上に可能性が広がっていく。

南風食堂も、美大の同級生・小岩里佳と一緒に、課題で集まった同級生のためにごはんを作っていたのが始まりなんです。「あの二人はあまりにも食いしん坊だ」という噂《うわさ》が広まって、あるとき「そんなに食いしん坊なら、料理を作って出してみたら」と声をかけていただき、いきなり200人が集まる出版記念パーティでケータリングをすることになりました。1カ月間くらい、料理方法や、盛りつけを研究しましたね。色んな仲間に助けてもらって、何とかやりきることができました。

つくづく思うのは、フードイベントは色んな人と関わりやすい、ということですね。「おいしいものが食べられるよ」って誘うと、断る人はなかなかいないですから（笑）。

——たしかに（笑）。最近は「Oxfam（オックスファム）」（貧困を生み出す状況を変えるためグローバルに活動するNGO）ともお仕事をされていますよね。

オックスファムが展開している「GROW」キャンペーン（壊れた世界の食料システムを改めることを目指した運動）では、飢《う》えの原因は十分な食料がないことではなく、「世界の食料システムの不公正な仕組み」と「自然資源を食いつぶす農法」にあるとしています。そこでオックスファムは、「今までのやり方を変えていこうよ」と、さまざまなアクションを呼びかけているんです。

南風食堂もこの活動に共感して、「残さない」「旬《しゅん》を大切にする」「肉を減らす」「支援する」「賢く料理する」という、地球にやさしい食卓を作るための5つの約束に即した「GROWメソッド」レシピを考案しました。「残さない」レシピでいうと、大根を天日干《てんぴぼ》しにしたり、酵素《こうそ》シロップを使って保存食にしたり、「支援する」でいうと、福島で採《と》れたセシウム不検出の人参《にんじん》をジュースにして、それを使った蒸しケーキを作ったり。こういう日々の食卓のことは、きっと誰でもすぐ始められる。「気候変動」や「農地争奪」などグローバルな課題を目の前にして、「何をしていいか分からない」という人たちのために、私たちの手もとにある「食」を入口に、ひとつの筋道を見せられたらいいなと思っています。

――暮らしの中でできることが世界につながっているんですね。最後に、三原さんにとって「日本」とは何ですか？

この「日本」という島の、行ったことのある場所、そこで会った人々ですね。その場所で、その人と一緒に、何ができるのか。それをこれからも探し続けていきたいと思います。

© NEO IIDA

三原寛子（みはら・ひろこ）

料理ユニット「南風食堂」主宰。うまい料理の探求、「食」の場のプロデュース、雑誌やウェブでのレシピ提案を行う。著作に『南風食堂のホールクッキング!』（中央公論新社）など。http://www.nanpushokudo.com（ウェブサイト）、https://www.facebook.com/nanpushokudo（フェイスブック）

第2章
住みたい街をつくる

おばあちゃんと子育てママが共に働ける孫育てグッズの工房「ＢＡＢＡラボ」

歳をとっても、生《い》き甲斐《がい》を持って働ける場が身近にあったら。そんな思いを込めて作られた、おばあちゃんのための職場があります。その名も「ＢＡＢＡラボ」。

日本人の平均寿命は男性が79・４歳、女性はなんと85・９歳（！）と、老後の長い人生をどう過ごすかは、いま多くの人にとって重要な問題です（厚生労働省「簡易生命表」２０１１年）。

かつてはおばあちゃんも若い子育て世代と一緒に暮らし、孫の世話や食事の支度《したく》など、家庭の中で役割がありました。しかし核家族化が進んでいくなかで、お年寄りは社会から孤立してしまうことが増え、生き甲斐の喪失や孤独死が社会問題にもなっています。ＢＡＢＡラボは、そんな社会とのつながりを求めているおばあちゃんたちと、若いママ世代が気軽に知り会えて交流できる職場です。

埼玉県中浦和駅から徒歩8分ほどの一軒家。ここがＢＡＢＡラボの工房です。毎週月曜日と水曜日の2日、若いママからおばあちゃんまで多くの女性が集まります。立ち寄る時間帯はそれぞれですが、ふらりと来てみんなと昼食をとったり、茶飲み話に花を咲かせたり。しかし、ただ遊びに来ているのではありません。工房で商品を作るために集まっているのです。

ＢＡＢＡラボを立ち上げたのは、自らおばあちゃんっ子だったという桑原静さん。前職ではＮＰＯで地域コンサルティングを行っていました。設立の思いをこう語ります。

「お年寄りが集まるサークルはたくさんありますが、知識や経験を活《い》かせて、ちょっとしたお小遣いを稼げる仕事が作れたらいいなと思っていました。自分に子どもができてから、母や祖母の世代にとっては使いにくい育児グッズが多いことに気づいたんです。哺乳瓶の目盛りが見にくかったり、抱っこひもの使い方が複雑だったり。より使いやすいものがあったらいいなと思ったことが、おばあちゃんの働く場を作りたいという思いと結びつきました」

そして桑原さんは、２０１１年12月にＢＡＢＡラボを運営するシゴトラボ合同会社を立ち上げます。

現在制作中の製品は、小さな子どもをふんわりと抱くことができて疲れにくい「抱っこふとん」や、履かせるのが楽なライオン靴下、お出かけの際に子どもとはぐれないよう握り手の付いた買い物バッグなど、高齢者が孫の面倒を見るときに使いやすい商品ばかり。老眼にも目盛りが読みやすい哺乳瓶や高齢者の脳も活性化する知育玩具《がんぐ》など、おばあちゃんからのアイデアも活かしたお年寄り向けの育児グッズも企画中です。

ＢＡＢＡラボのスタッフは登録制で、工房と自宅を自由に行き来して、商品の制作を進めます。工房では製品の作り方を教わったり、新しい商品について案を出し合ったり。現在おばあちゃんと若い女性半々ほどの割合で、約40名の登録スタッフが、それぞれ洋裁《ようさい》や編み物など、得意分野を活かして商品を制作しています。

73歳の山下弘子さんは、登録第一号のベテランスタッフ。工房から歩いて15分ほどの自宅から毎週月曜日に通っています。「もともと、古くなったマフラーやセーターをほどいて、新しいものを人に編んであげるのが好きでした。今はこうして、毎週通える場所があることがとてもうれしいです」。

ただ遊びに来るのではなく、仕事として役割があるから、みんな気兼ねなく立ち寄ることができる。少なくてもきちんとお金を稼げることが大切、と桑原さんは話します。商品ひとつの制作につき200円からの報酬があり、多い人は月に5万円ほど稼ぎます。

予想外だったのは、内職スタッフを募集すると子育て真っ盛りの20~30代のママが数多く集まったことです。一人で育児を抱える女性も、子どもに向き合う日々で孤独に陥《おちい》りがち。気軽に相談できる子育ての大先輩が身近にいることは、ママたちにとっても心強いに違いありません。ママに連れられて小さな子どもも集まるので、工房はさらに活気づきました。子

どもが走り回る姿を見るのは、おばあちゃんたちにとってもうれしいことなのです。
ＢＡＢＡラボがユニークなのは、桑原さん自身のお母さんやお祖母さんがコアスタッフに加わっていることです。二人とも洋裁が好きで、静さんの取り組みに積極的に協力してきました。今ではお母さんの秀子さんが、製造部門の責任者です。

「親子でケンカすることもありますが、ある方がここに通い始めてから活き活きして表情が変わったという話を聞いたりすると、やっていてよかったなと思いますね」と秀子さん。

まだ現状は大きな売上が見込めないため、桑原さんはシゴトラボ合同会社の一事業としてコンサルティングの仕事を続けています。一方でスタッフの特技を活かした編み物などのワークショップを週に2〜3回は有料で開催し、毎回満員になるほどの人気で売上に貢献しています。

おばあちゃん、育児中のママ、子どもが世代を超えて集まり、いつもわいわいと賑《にぎ》やかな職場。ともすれば老後や育児期間などに社会から取り残されがちの女性たちに、みんなと集まって仕事をする場を提供する。ＢＡＢＡラボが提案しているのは、役割

や生き甲斐を感じてもらえる新しいスタイルの働き方です。（甲斐かおり）

土地の物語をデザインによって伝える 復興プロジェクト「OCICA」

2011年3月11日、東日本を襲った大震災による傷跡は、約2年の月日が流れた今でも癒《い》えることはありません。仮設住宅の建設や瓦礫《がれき》の撤去など、物理的な面では復興が進んでいるように見えても、コミュニティの再構築や雇用の確保といった課題はどうしても後回しにされがち。しかし仕事は収入を得る手段ということ以上に、役割や生き甲斐を生み出すことで復興の原動力になり得るのです。

津波によって壊滅的な被害を受けた宮城県・牡鹿《おしか》半島の牧浜《まきのはま》（石巻市）で、被災者の方々に笑顔と生き甲斐を取り戻してもらうためのプロジェクトが育《はぐく》まれています。地名にちなんだプロジェクト名は、「OCICA（オシカ）」。浜のお母さんたちの手仕事によって生み出されるアクセサリーブランドです。

「手仕事」と言うと、震災直後に多く販売されていたチャリティグッズを想像するかもしれません。しかしOCICAが目指しているのは、一時期のブームではなく、継続できる事業にすること。「チャリティだから」ではなく、単純に「ほしい」と思える、長く愛用してもらえるような商品を生み出し、作り手の尊厳や居場所を持続的に確保する仕組みを作ろうとしているのです。

このプロジェクトは、震災から半年ほど経った2011年の秋に始まりました。全国各地で人や地域をつなぐフリーランスの仕事をしていた友廣裕一《ともひろ》さんは、震災直後からボランティアをマネジメントする立場として宮城県に入り、出会った人々の想いをもとに様々なプロジェクトを立ち上げてきました。

そして、仕事を失った浜のお母さんや鹿《しか》の角《つの》の加工技術を持った方との出会いから、仲間と一般社団法人「つむぎや」を設立。お母さんたちの手仕事を作るべく、土地の素材を活かしたものづくりに取り組み始めましたが、最初はいかにも「手づくりのチャリティグッズ」といった製品しか作れず、お客さんの反応も売上もイマイチでした。ときはすでに震災から半年後。チャリティグッズを売るには難しい時期になっていたのです。

この状況を解決したのが、デザインの力です。東京からデザイン事務所NOSIGNERの太刀川《たちかわ》英輔さんが加わり、この地に縁《ゆかり》のある「鹿の角」と「漁網《ぎょもう》の修復糸」という素材を用いたアクセサリーをデザインしました。悩み抜いた末に生み出されたネックレスは、鹿の角を輪切りにした白いリングにカラフルな糸が細かく編み込まれた、洗練された雰囲気のもの。鹿の角の持つ荒々しくて野性的な雰囲気が、清楚《せいそ》でかわいらしい表情へと見事に生まれ変わったのです。

アクセサリーのコンセプトは「ドリームキャッチャー」。悪夢から守ってくれ

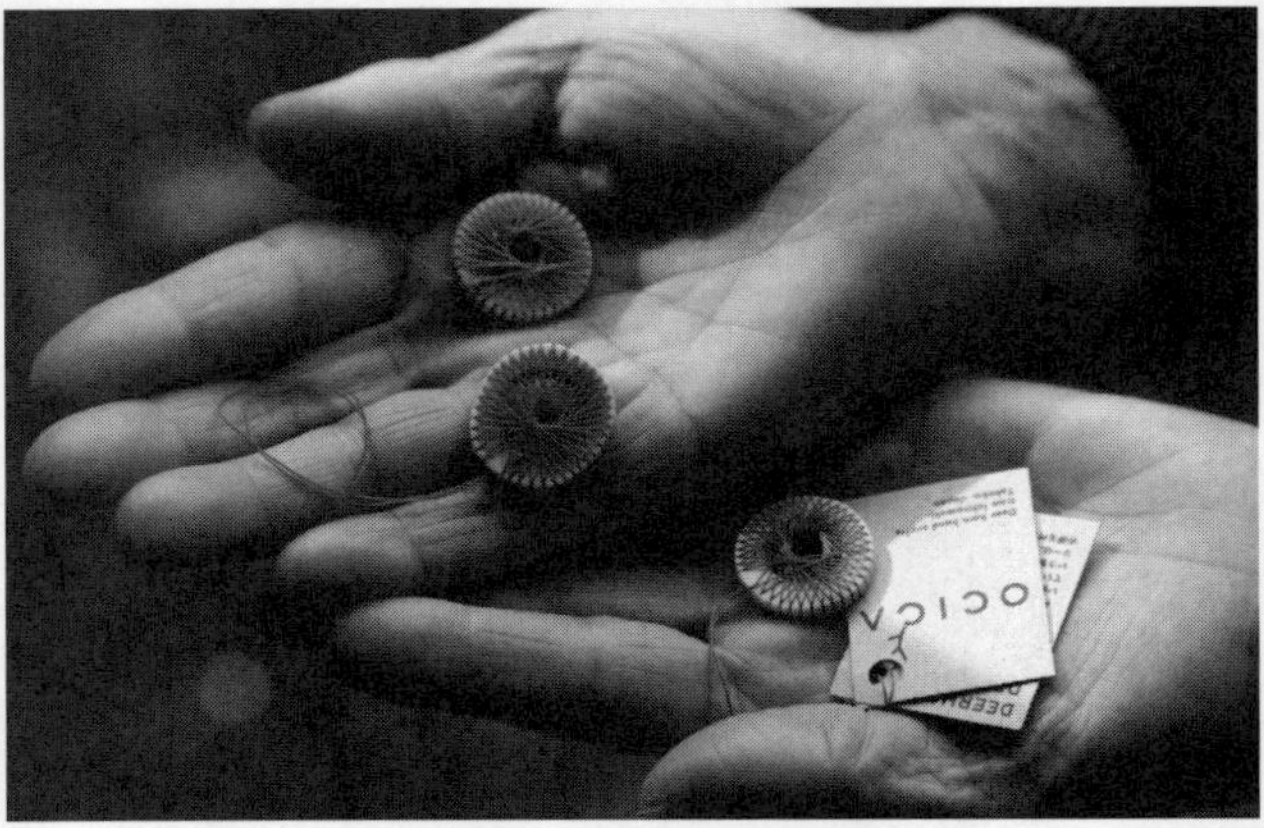

© Junichi Takahashi

るというネイティブアメリカンのお守りにも似たその形状には、お母さんたちの復興に対する祈りも込められています。他のチャリティグッズとは一線を画すデザインが完成したことで、雑誌への掲載やオンラインショップでの販売も決まり、プロジェクトは一気に前へと進み始めました。

浜では、お母さんたちの手によってネックレスの制作が始まりました。作り手となる30～70代の12名の女性は、週に2回、浜にある小さな集会所に集まり、一つひとつ手作業で商品を仕上げていきます。鹿の角をヤスリで磨いて整形、電動糸鋸《いとのこ》で細かい切れ目を入れ、糸を正確に巻き付ける。自ら工程を改善していくお母さんたちの積極的な姿勢により、作業はみるみるスピードアップしていきました。

OCICAは今、カフェや雑貨店など全国30店舗以上（2012年12月末現在）で販売されていますが、これらの多くは「つむぎや」メンバーやプロジェクトに触れた人の紹介でつながった個人経営のお店。「OCICAを物語と共に届けたい」という願いから、きちんと商品を理解したうえで販売してもらうことにこだわり、あえて人の縁《えん》を辿って販売店舗を増やしているのです。店頭では、製品とともにOCICA誕生の背景や制作現場の写真が紹介されており、デザインに惹《ひ》かれて手に取ったお客さんもこの小さな漁村の物語を知ることができます。

２０１２年12月末現在、商品はネックレス（２８００円）とピアス（５８００円）の２種類。生産総数は約２０００個にのぼり、２０１１年11月から２０１２年12月末の累計販売額は約６２０万円にのぼります。お母さんたちには、ひとつ制作するごとに１０００円（ピアスは２２００円）が手渡され、安定した副収入源になっています。でも、彼女たちにとって何よりもうれしいのは、このような場所があること。作業場にはいつも、「みんなと作業するのが毎回楽しい」「これが今の私の生き甲斐」と語るお母さんたちの笑顔が溢《あふ》れています。

２０１２年９月に出版された『OCICA ―― 石巻 牡鹿半島 小さな漁村の物語』（つむぎや）の中に、次のような一節があります。「この事業の本当の目的は、利益を最大化することではなく、お母さん方の笑顔を最大化すること。小さいからこそ、各々の役割が保たれ、一人ひとりが大切にされることで、結果として良いモノが生まれていく」。OCICAは、小さなプロジェクトかもしれません。でも、土地の物語を重視した丁寧なものづくりで、大切に手渡せる数だけ届けることで、復興において何よりも大切な「人々の笑顔」という大きな価値を生み出し続けているのです。（池田美砂子）

ホームレスを寒さから救った小さなサプライズ広告「The Warming Hanger」

ルーマニアの首都ブカレストは、東ヨーロッパの経済の中心地。高層ビルやショッピングモールが立ち並び、多くの人口を抱えています。一方で、世界中の他の大都市と同じように、ホームレスの人がたくさん暮らしています。この街は冬の寒さがたいへん厳しく、マイナス20度を下回ることもあるほど。その寒さはホームレスにとっては致命的で、悲しいことに、凍死してしまう人もいます。その問題の解決に乗り出したのが、世界各地で医療や福祉サービス、社会復帰支援を24時間体制でホームレスに提供する慈善《じぜん》団体「サミュ・ソシアル」です。

本格的な冬が来る前に、短期的かつ効率的にホームレスを守るアクションを必要とした彼らが利用したメディアは、なんとクリーニング店のハンガー。チェーンのクリーニング店に協力を取りつけ、ハンガーの首の下あたりに小さな広告を付けたのです。

チャーミングなイラストとともに書かれたのはこんなコピー。「このハンガーに掛ければ、古いコートがもっと温かいコートになります。ホームレスの人たちのために、古いコートを掛けて戻してください。温かさを分かち合いましょう」。クリーニング済みの服を受け取りに来た人は、ハンガーの小さな広告を目にして驚くに違いありません。けれどそれが

「The Warming Hanger」オフィシャルCMより。
http://www.youtube.com/watch?v=UQdt4ljm87o

きっかけで、厳しい冬に耐えるホームレスのことを考え、タンスの肥《こ》やしになっているコートを思い出すのではないでしょうか。

街を歩いているとき、募金箱の前に足を止めて財布からお金を出すのには抵抗がある人も多いと思います。でも、クリーニングされた服をハンガーから外すという自然な行動のなかでさりげないメッセージに気づき、あまり着なくなったコートを掛けて馴染《なじ》みのクリーニング店に持って行くことは、募金ほどハードルが高くありません。わざわざ足を止める必要もなければ、見知らぬ人にお金を預けることもない。何よりお金ではなく、自分がいらなくなった物を人のために役立てることができるので、喜んで協力しようという気持ちになります。

この小さな広告はおよそ25万人もの人の目に触れ、2カ月も経たないうちに90袋にもおよぶ古着の収集を達成しました。その結果、数百人のホームレスにコートが行き渡ることに。費用は日本円にしておよそ7万円なので、費用対効果の高い広告と言えるでしょう。

この取り組みが成功を納《おさ》めた理由は、まず、地域の人たちの暮らしに近い場所に着目することで、大々的な広告を打つコストを抑えたこと、そしてハンガーをメディアにすることに気づいたことです。ハンガーによるメッセージは、すぐにタンスの中のコートを思い出させます。また、意外なアプローチの表現で口コミを誘発したのも、この取り組みが成功したポイントです。

さらに、無駄になりがちなものに着目し、それを普通の用途とは異なる使い方に転用した点も見逃せないでしょう。クリーニング店のハンガーは回収されることが少なく、どんどん家に溜まり、ゴミ箱行きになることも少なくありません。タンスに眠っているコートも、視点を変えれば、潤沢《じゅんたく》な資源なのです。

このブカレストの事例は、多くの人が訪れる場所はそれだけでもメディアとしての可能性を秘めていることを教えてくれます。たとえば、レンタルビデオ店で貸出・返却用の袋に「目が不自由な人たちのために、ご自宅で聴かなくなったCDをこの袋に入れて戻してください。あなたの家で眠っているCDが、誰かの心を明るくします」といったメッセージを打つことができるかもしれません。病院といった継続的に通う必要がある場所も、同じような使い方ができそうです。支援の対象も、体が不自由な人や、高齢化が進む日本で増える一人暮らしのお年寄りなど、さまざまに考えられます。

こうした取り組みを通じて、同じ街に住む人たちのあいだにつながりの感覚が芽生《めば》え、地域に会話が生まれていく。ブカレストのハンガー広告は、私たちが日常的に訪れる場所や触れるモノの中に、支援したい人とされる人をつなぎ、社会的な問題を解決する画期的なアイデアが眠っていることを教えてくれます。（丸原孝紀）

クリエイティブな自治区を目指す
松戸のまちづくり「MAD City」

「まちづくり」と一言で言っても、地域によって抱えている課題はさまざまです。千葉県松戸市《まつどし》は人口48万人の地方都市で、ハード面だけを見ると商業施設やマンションも建設され、ニュータウンとして賑わっているように見えます。しかし玄関口であるJR松戸駅前の商店街の振興やイベント開催など、自発的な地域活性化への取り組みというソフト面ではなかなか成果が上がらず、熱意を持って取り組んでいる地元の方々も頭を悩ませていました。

この問題を解決しようと始まった「MAD City（マッドシティ）」プロジェクトは、松戸の中に「マッドシティ」という新たな街を想定し「クリエイティブな自治区を作ろう！」と実践しているものです。マッドシティとは、株式会社まちづクリエイティブの事務所も兼ねた交流スペース「MAD City Gallery」を中心とした、松戸駅周辺の半径500メートルエリアのこと。範囲を狭く限定することで活動の密度を上げ、人が出会いやすい状況を作っています。

プロジェクトを立ち上げたまちづクリエイティブ代表・寺井元一《もとかず》さんは、もともと東京都渋谷区で若いアーティストやアスリートに活動の場を提供するNPO法人を運営していました。そんな寺井さんが松戸で始めた「まちづくり」とは、もともとある街の活性化の延長線上ではなく、実際の街の中にマッドシティというもうひとつのレイヤーを作り、新しい街をゼロから作り出していくものでした。

松戸は江戸時代に、水戸街道の宿場町《しゅくばまち》として賑わっていたエリア。もともとある街との歴史的な接点を作ることで、マッドシティは地元の方にとっても関わりやすい理由を提供しています。お互いのコミュニティを尊重しながら、宿場町の復活という大きな目標を共有しているのです。

活動の体制が整ってきた2012年、マッドシティは新たにひとつの提言をしました。それが「タウンシェア宣言」です。

シェアハウス、カーシェアリングと、近年はシェアの実践も地域に浸透しつつありますが、「タウンシェア」は文字通り、街を丸ごとシェアするというもの。たとえば「住民の共有物だ」と思われている道路には、実は「公共」の名のもとにやってはいけないことがたくさんあります。そこで「実際にやれることは他にもあるのではないか？」と再考し、もっと自由度の高いかたちで街の公共物を共有しようと提案するのがタウンシェアの考え方です。

車を通行止めにした飲み屋街の道路にテーブルと椅子を出し、一帯を巨大なフードコートにしたり、使われていなかった古い建物をクリエイターの活動拠点として再生したり。河川敷《かせんしき》ではアウトドアウエディングを実現し、そのなかで地元のコーヒー屋さんやお菓子屋さんが出店するマーケットを開催して、マーケットに遊びに来た一般の方も、新郎新婦をお祝いできるようにしました。

このように、使い道の限定を外して活用されていなかったものの隠された可能性を考えることで、街の社会的な資本が新しいかたちで住民にシェアされていき、街全体がフルに活かされるようになります。今では月に10本以上のイベントが開催され、「MAD City 不動産」を通して移住してきた人は50組を超えました。そうした新住民が自発的にイベントを始めたり、フリーペーパーを作るなど、住民から発信される活動もどんどん増えてきています。

2012年6月には、新旧住民の枠を超え、プロジェクトのメンバーや地元の町内会長らが参画したまちづくり組織「松戸まちづくり会議」も発足《ほっそく》。行政区とは違った分け方で街を作り直そうという試みに、地域全体が盛り上がりを見せています。「まちづくりは僕にとってのホームタウンづくりです。自分がここにいたいと思える街を作る感覚。自分たちのために、街のためになることを目指しています」と寺井さん。住民の生き甲斐や、日々の楽しみを作るための取り組みが盛り上がらないという地方都市の悩みは、全国共通かもしれません。マッドシティのような、小さいながらも自発的なまちづくりの手法から学べることはたくさんありそうです。（平川友紀）

廃棄ゴボウをお茶に変えて農家にも街にも貢献する「Growth」

スーパーの野菜売り場には、いつもきれいに形の整った野菜が並びます。曲がったキュウリやキズのあるトマトなど、見た目がいびつな野菜は「規格外」。最近でこそ「ふぞろい野菜」や「ワケアリ品」として安い値段で販売されるようになりましたが、きれいな形のものと同等には売れず、その多くは捨てられてきました。

青森県三沢市も、2年前までは大量のゴボウを廃棄《はいき》していました。三沢市は、毎年15000トンものゴボウが作られる、日本で一、二を争うゴボウの産地です。（2012年時点。「JRおいらせ」調べ）。生産量が多いだけに規格外品の量も膨大《ぼうだい》で、その数はなんと年に約3000トンにものぼります。

普通には売れないこの廃棄ゴボウを何とか別の用途に使えないか、と三沢市では検討を重ねてきました。ゴボウチップスなどの加工品も試作しましたが、商品化するにはもう一歩、といったところ。そこへゴボウのお茶を作ることを提案したのが、当時「青森の魅力」というウェブサイトのレポーターをしていた三沢市在住の須藤勝利さんです。若い者の意見も聞きたいからと三沢市から声をかけられ、たまたまこの検討会に同席していた須藤さんは、もともとハーブや茶葉を集めて自分でブレンドして飲むほどのお茶好き。ゴボウもお茶にできないかと考え、さっそく農家の婦人会とサンプルを作って売る試みを始めます。

もともとあった他社の製品は、ゴボウをそのまま乾燥させただけで、煮出す必要のある手間のかかるお茶でした。それに対して須藤さんたちは試行錯誤の末、お湯を注ぐだけで香ばしいゴボウの香りがする「ゴボウのハーブティー」を完成させます。焙《ばい》煎《せん》というひと手間を加えることで、ゴボウの泥臭さが無くなり、ほうじ茶のような香ばしさと色を出せるようになったのです。

三沢市の職員など周囲から本格的な事業化を求められながらも、商品を作って売った経験もないと躊躇《ちゅうちょ》していた須藤さん。しかしある農家の老婦人の話をきっかけに、心が動きました。

「その方は、息子さんが農家を継ぐと言っているのに、こんなに儲からない仕事はさせたくないと反対していたんです。若い人が農業をやりたくないことが後継者不足の原因だと思っていたけれど、いま農業をやっている人たちが子どもに継がせたくないことも、ひとつの原因だった。廃棄しているゴボウが収入になれば『跡《あと》は継ぐな』なんてことにならなくなるのかと思ったら、あ、やったほうがいいなって思えました」

農家が減れば、日本全体の食料自給率もますます下がり、他国への依存度が高まります。ひいては自分たちに返ってくるこうした社会の問題に目を向けて、その解決を事業化するために、2011年4月にはゴボウ茶を製造販売する会社「Growth（グロウス）」を立ち上げ、同年6月には本格的に「青森ごぼう茶」の販売を始めました。

Growthがそれまでの商品開発事業と違ったのは、単なる利益追求ではなく「農家の収入を増やして跡継ぎを絶やさない」という社会的な目標を明確にしたこと。須藤さんはGrowthを立ち上げるにあたって、この大義名分《たいぎめいぶん》をホームページなどに明記し、機会あるごとに周囲に説明しました。廃棄ゴボウだからといって、安く買い叩くのでは農家を支えるこ

とになりません。通常より高めの値段で購入し、商品価格も40グラムで1260円、100グラムで3280円と他社より高い設定にしましたが、おいしい青森のゴボウを使っているのだからそれも妥当という姿勢で営業したのです。

さらに二つ、Growthがそのビジョンに掲《かか》げたことがあります。それは「地元の商店街を元気にする」ことと「障害者の人々にも仕事を創る」こと。あえて寂《さび》れつつあった三沢市の商店街に工房を作り、街の活性化に一石《いっせき》を投《とう》じます。新しい店が開くのは十数年ぶりのことで、商店街の方々には大歓迎されました。

また、以前レポーターだった頃に、ある障害者の方が「自分たちは社会に迷惑をかけている」と話していたことが心に残っていた須藤さん。若者を雇用するとともに障害者雇用にも踏み切ります。売上アップと同時に被雇用者数を増やし、2013年2月現在、社員5名とパート4名（実習生を含む）を雇用。そのうち3名が障害者で、4月にはさらに1名増員予定です。

青森の農家を支えるという趣旨から、「青森ごぼう茶」は周囲の協力を得て、全国各地の展示会で青森を代表する商品として紹介されました。テレビでゴボウ茶の冷え防止効果が話題になったのも追い風となり、あれよあれよという間に人気商品に。大手保険会社の販促ギフトに選ばれたのを皮切りに、アマゾン、イトーヨーカドー東北各店、生協などでも販売を開始。今では月300〜400万円を売り上げるまでに成長し、結果、起業からわずか2年で、年間約70トンの廃棄ゴボウを再利用できるようになりました。Growthが提携する農家の廃棄ゴボウはすべて、ゴボウ茶の材料として活用されています。

ゴボウ茶が人々に受け入れられた理由を、須藤さんはこう考えます。「ゴボウ茶のような商品は、この製品ができた経緯を営業の際にきちんと伝えることが大事です。これまでに多くの取引先の担当者が僕たちのビジネスの趣旨を理解してくれて、こういう商品を取り扱いたいと賛同し、商品を導入してくれました」。

各地域にGrowthのような地元密着型の社会的企業が増えることで、農家や地域の雇用が支えられ、その土地はより豊かになるはずです。（甲斐かおり）

電気の地産地消を小さな一歩から実現する「藤野電力」

東日本大震災および福島第一原発事故を経験して、自分たちの使う電気について改めて考えた人はとても多いのではないでしょうか。NHK放送文化研究所が震災後の2011年6月に行った「原発とエネルギーに関する意識調査」では、今後もっとも増やすべき発電用のエネルギー源について「太陽光や風力などの再生可能な自然エネルギー」と答えた人が68・6%と圧倒的多数を占めました。

しかし、自然エネルギーを利用した電気を個人レベルで使いたいと思っても、設置費用の問題があったり情報や知識が追いついていかなかったりと、急激な移行には難しい側面があります。そこで「いきなり生活のすべてを自然エネルギーに変えることは無理でも、今、自分たちにできることを考えよう」という強い思いを持った住民によって、神奈川県の中山間地域にある旧藤野町（相模原市緑区）で「藤野電力」なる取り組みが始まりました。

旧藤野町はもともと、石油依存社会を脱し、地域や住民の特徴を活かした持続可能な社会へと移行していくための草の根運動「トランジション・タウン」（藤野の他に東京都小金井市や神奈川県葉山町などが参加）の活動が盛んな地域です。藤野電力は「トランジション藤野」のワーキンググループのひとつとして誕生しました。

活動は多岐に渡りますが、藤野電力の大きな取り組みのひとつが、低価格で導入できるミニ太陽光発電システムを制作するワークショップです。これは「電気は自然の力を借りて自分たちで作ることができる」と実感することから始めようと考えられたもの。料金はワークショップ代込み42800円で、基本セットの充電1回分でノートパソコンが4〜6時間、電球形蛍光灯が10〜15時間利用できます。

ワークショップで組み立てられる基本キットには、

・50Wソーラーパネル
・チャージコントローラー（ソーラーパネルから電池に効率よくチャージしたり、過充電を防いだりする装置）
・インバーター（充電した電気を家庭用電気製品で使えるようにする装置）
・シガーソケット（対応アダプタを用い、電気を多用途に使えるようにする装置）

・バッテリー

が含まれ、参加者は完成品を持ち帰ることができます。キットの総重量は約15キロ。見た目は無骨《ぶこつ》な印象ですが、ちょうどベランダの片隅に置けるサイズにすべての機材が収まります。

「発電システム」と言うとなんだか難しそうに感じるかもしれませんが、電線をカットし、端子《たんし》をつなぎ、各機器を順番に接続していく、手順としてはたったこれだけ。「やってみたら意外と簡単」というこの手軽さと、自然エネルギーを使って生活したいという同じ考えを持った市民からの発信であることが共感を呼び、今では全国各地で出張ワークショップを開催するほどになりました（2012年12月で定例ワークショップは終了し、新たなワークショップを企画。出張ワークショップは継続中）。

また、藤野電力の成果のひとつが、3日間でのべ5000人が集まる地元の廃校アートフェス「ひかり祭り」です。「ひかり祭り」は東日本大震災以降、100%自家発電での開催を決め、藤野電力は出力約50キロワット分の電源調達や配線レイアウトを担当しています。

完成したミニ太陽光発電システムとワークショップ参加者。

２０１２年の「ひかり祭り」では、新たな試みとして「持ち寄り電力」を実施しました。これは、過去のワークショップ参加者に呼びかけ、制作したミニ太陽光発電システムをイベント期間中貸し出してもらって会場の夜間照明に利用するというものです。この提案に藤野地域の住民を中心に22個のシステムが集まりました。システム１個あたりの使用可能電力量は1日あたり約２００ワットアワーです。前年はキャンドルと懐中電灯の持参をお客さんに呼びかけることで対応した夜間照明ですが、２０１２年は2階建て校舎の照明を一晩中まかなえるほどの大きな力になりました。

現状の中央集権型の発送電システムでは、災害時に電力供給が止まってしまう恐れがあります。しかし一つひとつの発電量は小さくても、持ち寄れば充分に非常時のインフラになるということを証明した持ち寄り電力は、住民同士で助け合うことで実現不可能なことが可能になるという、自立分散型自然エネルギーによる地域社会の可能性をも提示しました。

藤野電力の出張ワークショップの開催は1年3カ月でのべ79カ所、制作されたシステム数はなんと５３７個。合計で２６８５０ワットの電力が発電可能です。活動内容はオープンソースとしているため、彼らのワークショップをきっかけに「鎌倉電力」「なんば電力」など、独自にワークショップを展開したり、自然エネルギーについて地域単位で考えていこうという動きも起こり始めました。小さな町で始まった市民活動が、いまや「個々の自立から始まるエネルギーの地産地消《ちさんちしょう》」という未来に現実味を与えつつあるのです。（平川友紀）

ソーシャルデザインTOOLKIT2
「マイプロジェクト」をビジネス化する「マイビジネスシート」

「自分ごと」から始まる、まさにソーシャルデザインの芽《め》とも言える「マイプロジェクト」。その中には、次の章に登場するHUBchariやaeruのように、少しずつ収益化を図《はか》り、「マイビジネス」へと成長を遂げるものも少なくありません。

もちろん、「マイプロジェクト」のゴールは、必ずしもビジネスにすることではありませんが、活動を自分たちらしく続けたり、広げたりするためには、優先順位の高いものにより多くの時間をかける必要が出てきます。そのために「ビジネスにしてみる」ことを検討するのもひとつの手です。

とはいえ「起業なんて自分には無理……」と思っている方もいるかもしれません。しかし、「月に5万円だけ利益が出る仕組みを考えよう」というものから、「そのプロジェクトで1人は食べていけるようにしよう」、さらには「何人かの人を雇える〝会社〟にしていこう」というレベルまで、ビジネスにはさまざまな規模やスタイルがあります。

「マイプロジェクト」と「マイビジネス」の一番の違いは、金銭的な儲けを出すか出さないか、つまり、「マイプロジェクト」を通じて生み出した価値を「お金」に変える仕組みが存在しているかどうか、です。大切なのは、「稼ぎが多いほうが偉くて、少ないのはダメ」というような既存の価値観に縛られないこと。自分たちの〝ほしい未来に近づく感覚〟や〝らしさ〟を優先したビジネスモデルを見つけることが重要になってきます。

そういう僕たちグリーンズも、2006年の立ち上げから時間をかけて、「マイビジネス」を育ててきました。そこで、ウェブマガジン「greenz.jp」を事業化する過程を振り返り、「価値」を「お金」に変える仕組みを「マイビジネス」の方程式として以下にまとめました。興味のある方はぜひ、次のシートを活用してみてください。

マイビジネスシート

〈VALUE編〉

Q1　マイプロジェクトを続けるなかで、自然と蓄《たくわ》えられる知恵や知識は？

A（　　　　　　　　　　　　　　　　　　　　　　）

Q2　マイプロジェクトを続けるなかで、自然と築かれる人脈は？

A（　　　　　　　　　　　　　　　　　　　　　　）

Q3　あえて言うなら、あなたは何の専門家？

A（　　　　　　　　　　　　　　　　　　　　　　）

〈MONEY編〉

Q1　ロールモデルになりそうな、やってみたい職業は？

A（　　　　　　　　　　　　　　　　　　　　　　　　　　　　）

Q2　ロールモデルになりそうな、作ってみたいプロダクトは？

A（　　　　　　　　　　　　　　　　　　　　　　　　　　　　）

Q3　ロールモデルになりそうな、運営してみたいサービスは？

A（　　　　　　　　　　　　　　　　　　　　　　　　　　　　）

マイプロジェクトを進めていくなかで、いろいろな本を読んだり、誰かに相談したりすることがあると思います。また、「なんでみんな、こんなに手伝ってくれるんだろう？」と、ふと不思議に感じる瞬間があります。そんな、無理をしなくても自然に集まってきた知識や出会いは、あなただけにしかない大切な財産です。〈VALUE編〉

は、それらを漫然《まんぜん》と見過ごすのではなく、「価値」として捉え直すための問いかけです。

また、「ビジネスを作る」というと、「今までにないことを始めよう」と考えがちですが、お金の流れがほとんどない未開拓の領域でいきなりビジネスを作るのは難しいもの。〈MONEY編〉は、すでに存在する職業や商品、サービスの中から、ロールモデルになりそうなもの、あるいはやってみたいものを気軽にリストアップし、現在のお金の流れを把握しながらビジネスの解像度を高めるための問いかけです。

一見複雑に見えるビジネスの世界ですが、前章で「マイプロジェクト」が、〈ME〉と〈ISSUE〉の掛け算で表せたように、「マイプロジェクト」を通じて生み出した価値〈VALUE〉に、お金の流れ〈MONEY〉を掛け合わせることで、「マイビジネス」のモデル作りをすることができます。

「自転車の修理が得意なホームレスのおっちゃんたち」×「レンタサイクルサービス」
＝「HUBchari」
「伝統工芸を担う若手職人の技術とネットワーク」×「ベビー・キッズ用品ブランド」
＝「aeru」

ではグリーンズのビジネスを、この方程式に当てはめると、どうなるでしょうか。

まず僕たちは、ウェブマガジンを日々運営することで、年間に１０００ほどのソーシャルデザインの事例に触れています。また、ソーシャルデザインの実践者たちとの出会いを重ねるうちに、自然と「ソーシャルデザインの作り方」の解像度が高まってきていたのです。

一方、読者の方や企業・行政の方から、「グリーンズが伝えるソーシャルデザインを、〝意図的に〟生み出すことはできないか」という声を聞く機会も増えてきていました。

そのとき閃《ひらめ》いたのが、「ソーシャルデザインの作り方に関する知識＋実践者たちとのネットワーク」×「学校」＝「green school Tokyo」です。

「green school Tokyo」は、ソーシャルデザインのアイデアを具体的にカタチにしていくための学校です。知識やネットワークに加え、そこで僕たちが得たファシリテーターとしての経験やスキルが、企業の商品開発や行政の政策策定のための対話の場づくりに活かされ、今やNPO法人グリーンズの収益を支える柱となっているのです。

ビジネスを作るうえで僕たちが心がけているのは、あれもこれもと詰め込みすぎないこと。うまくいっている事例ほど、ひとつの強いストーリー性を持ち、驚くくらいシンプルな仕組みで運営されていることに気づきます。裏を返せば、生活者の財布の紐《ひも》は中途半端なものに対してはシビアだということです。ときには「やること（できること）」をグッと絞り、「やらないこと（できないこと）」を取捨選択する勇気を持つことも必要になるのかもしれません。（小野裕之）

ビジネスとソーシャルデザイン：遠山正道
大きな事業も小さな熱意と「企て」に支えられている

よくある質問のひとつに「ソーシャルデザインを仕事にするにはどうすればいい？」というものがあります。社会的な利益を追求するソーシャルデザインと、経済的な利益を追求するビジネスは、どのようにすればうまく一致させることができるのでしょうか？　ここでは「Soup Stock Tokyo」やネクタイブランド「giraffe」、リサイクルショップ「PASS THE BATON」など、ビジネスを通じて社会にユニークな視点を提供しているスマイルズの遠山正道さんに、ソーシャルデザインとビジネスの関係についてお話を伺いました。

——遠山さんが、ビジネスを始めたきっかけは何ですか？

私の場合は、「なんで、こうなっちゃうの？」という疑問やいらだちから物事がスタートしていることが多いです。たとえば、ネクタイはビジネスパーソンの旗印《はたじるし》のようなものなのに、世間にはショボいものが多い。リサイクルショップだって、ずっと大切にしてきたモノを受け継ぐのは本来いい話のはずなのに、いらなくなったモノを処分する場所といったネガティブなイメージがあったりしますよね。

ネクタイもリサイクルショップも、誰もが知っている、世の中に普通にあるもの。なのに〝残念なこと〟になっているのはもったいない。「わたしたちがやろうとしていることは、とても普通のことです」とウェブサイトでも言っていますが、スマイルズが関わることでたくさんの〝残念なこと〟が〝素敵なこと〟に変わっていけばいいなと思っています。

――〝残念な〇〇〟は、ソーシャルデザインのアイデアを考える際のヒントになりそうですね。

「Soup Stock Tokyo」も、〝残念なファストフード〟への挑戦だったんです。「安かろう悪かろう」ではなく、早いけれどもちゃんとしたものを提供し、女性が一人で入れたり、都会のスピード感の中でほっとできたりする場所があったらいい。その思いに多くの方が共感してくださったのはありがたいことです。すでに全国に60店舗以上を構えるようになり、ビジネスという意味でもスマイルズの大事な柱になっています。

2012年に神戸に一号店が誕生した「100本のスプーン」は、「懐かしくて新しいファミリーレストラン」を作ろうという思いで立ち上げました。「Soup Stock Tokyo」を始めたのが1999年なので、それから10年以上も経っています。そのあいだに結婚して子どもが生まれ、子育てがひと段落して戻ってくる社員もいる。そんなうちのメンバーと、「『一人で食べる食事』じゃなくて、『家族と食べる食事』や『大切な人と食べる食事』をやりたいね」という話になったんです。家族で一緒に食事をすることがどうしても少なくなってしまう現代において、特別な日やお祝いの日だけではなく、いつもの日々の中でこそ行きたくなる場所があったらいいなあと。

――素晴らしいですね。遠山さんが社長として大切にしていることは何ですか？

今は「大きいこと」と「小さいこと」のバランス、ですね。

たとえば「Soup Stock Tokyo」は、鉄道会社や駅ビルといった大きな企業との付き合いも多く、私たちはこれを「インフラ」と呼んでいます。たとえば代々木上原のような場所でカフェを開くのは個人が独立してできますが、駅に付帯《ふたい》するファストフードは個人ではできません。だから私たちはせっかくならインフラ側に加担し、世の中の体温が少しでも上がれば、なんて思っています。

とはいえ、最初は一店舗からのスタートです。「Soup Stock Tokyo」も、マーケティングを行って「いける!」と確信してから事業を提案したものではなくて、「こういうことをやりたいし、やるべきだ!」という私の妄想がきっかけでした。当時の上司に物語仕立ての企画書を作って提案しましたが、普通にツッコまれるわけです。「スープは夏は売れないだろう」とか「前例は?」とか。理屈で言えばダメな理由はたくさんあるし、ビジネス的な根拠はやってみなきゃ分からない。ただ、実現させれば「絶対に共感してもらえるはず」という自信があった。そこに、当時、決裁権を持っていた日本ケンタッキー・フライド・チキン元社長の大河原毅さんがゴーサインを出してくれました。何かが突き抜けるときって、合議制《ごうぎせい》ではなく、やはり一人の強い想いやトップの独断的なジャッジから起こるのだと思います。

――「大きいこと」の原点も「小さいこと」だったんですね。

そう。24時間、その仕事のことばかり考えてしまうような奴には任せられる。それを私は「その人の必然性」と呼んでいるんですが、自分が言い出しっぺの「これは俺のプロジェクトだ！」と言ってはばからない担当者がいれば、そこからプクッと何か生み出されると思います。

今は世の中が停滞しているし、漠《ばく》とした大きな不安もある。組織の中の個人であることに悶々《もんもん》としている人も少なくないと思います。そのモヤモヤを乗り越えていくには、組織にいながらでも勝負すればいいと思うんです。「せっかくだから、会社のお金を使ってやってみよう」って社員には言っています。社員の誰かが「実は、こんな居酒屋をやりたくて」とか顔を真っ赤にして言ってきたらうれしいですね。

――最近では「COCO DONUT」という小さなドーナツ屋さんを引継ぎましたね。

スープ屋の後にネクタイブランドとリサイクルショップなので、もう次に何が来ても驚かないでしょ（笑）。とはいえ、場当たり的に事業を始めているわけではもちろんないんです。ゼロからスタートするのを待っているとなかなか大変なので、既存のものを利用して新たなチャレンジにつながるキッカケになれば、と思っています。

――ソーシャルデザインに興味があるビジネスパーソンは、何から始めたらいいと思いますか？

「夢」を描こうとすると、何か大きく立派なことでないとダメだと思い込んでしまって、最初から気後《きおく》れしてしまいます。だから私は「企《くわだ》て」でいいと思っています。何かやりたいことが見つかったら、いきなり起業するのではなく、まずは会社の中で企ててみること。しかも、みんなが注目しない、一見つまらないことに着手するのはひとつのコツです。つまらないことには上司の了解やハンコがいらない。

たとえば社員旅行の幹事を指名されたときにただ面倒がるだけでなく、それならば「記憶に残る社員旅行にしちゃおう」と振り切って考えるのもいい。部長以下の部内旅行だったら、たとえば部長の家族をこっそり巻き込んで、「夜の宴会にサプライズで家族が登場！」なんて企ても強烈です。「企て」を思いついて、頼まれもしないのにやってみる。そうした「小さなこと」の積み重ねによって「転んでもただでは起きない奴だな」「言われたこと以上を返してくる奴だな」などと一目置《いちもくお》かれるようになる。そこから景色が変わっていくと思いますよ。

――たしかに起業ウンヌンではなく、「企て」と考えたら一歩踏み出せそうな気がしますね。最後に、遠山さんにとって「日本」とは何か、教えていただけますか？

「もったいない途上国」ですね。やさしい気持ち、美意識、食のクオリティなどなど、日本は価値の宝庫ですが、充分に活かせていない。変な言葉ですが、圧倒的に清潔である、ということだけでも価値を提供できそうな気がします。

文化と文化のあいだの差異を正しく埋める、あるいは差異を超えていけばそれが価値になります。従来日本は、モノを輸出し、文化は輸入してきましたが、これからは日本の価値を輸出し、それが世界でありがたがられるようになると信じています。

遠山正道（とおやま・まさみち）

1962年生まれ。慶應義塾大学卒。85年三菱商事入社。99年「Soup Stock Tokyo」をオープン後、2000年三菱商事初の社内ベンチャー企業「スマイルズ」を設立、代表取締役社長に就任。現在「Soup Stock Tokyo」「PASS THE BATON」「my panda」などを展開。

第3章
ムーブメントのハブになる

ホームレス問題と放置自転車問題を一挙に解決する女子大生「HUBchari」

「ずっと仕事が見つけられなかったおっちゃん20名に、新しく仕事に就《つ》いてもらうことができました」

そう語るのは、大阪市立大学在学中の現役大学生にして、NPO法人Homedoorの代表を務める川口加奈さん。彼女が推進しているプロジェクト「HUBchari（ハブチャリ）」に、2012年9月末から行政として初めて大阪市住吉区が公式に参加することが決定したのに合わせ、20名もの元ホームレスおよび生活保護受給者の方々をスタッフとして招き入れたのです。

川口さんはそんな彼らのことを、親しみを込めて「おっちゃん」と呼んでいます。

そんなおっちゃんたち、つまり「ホームレス、生活保護受給者」の増加と「放置自転車」の二つは、いま大阪で深刻な問題となっています。生活保護受給者の割合は、全国平均が約60人に1人なのに対し、大阪市は約18人に1人と圧倒的に全国ワースト1

位（２０１２年６月６日現在。大阪市調べ）。放置自転車の台数も平成23（２０１１）年度で約２３０００台と全国ワースト1位を記録し、大阪市では放置自転車対策のために年間約16億円もの予算を投入しているのです（大阪市「平成22年度建設局予算」）。川口さんがHUBchariを通じて目指しているのは、これら二つの問題を一挙に改善すること。なかでもホームレス問題については、川口さんは長いあいだ支援活動に関わってきています。

川口さんがこの問題に興味を持ったきっかけは、中学生のときに参加した市民団体の炊《た》き出《だ》しです。それまではホームレスの人たちに対して、「どこか世間の人々と同じような偏見を持っていた」という川口さん。「自己責任」で片付けられがちなホームレス問題ですが、彼らは懸命に今を生きて前に進もうとしているし、自分の親戚や近所のおっちゃんたちと同じ人間。そう痛感した中学時代の川口さんは、おっちゃんたちをなんとかして助けたい、と一念発起《いちねんほっき》したのです。

彼女はホームレス問題の研究が進んでいた大阪市立大学へ進学し、ホームレスの人や生活保護受給者を支援するＮＰＯ法人Homedoorを設立しました。ここで模索したのは、ただ与えるだけではない、自立を促すような新しい支援のあり方。その糸口を求めて、おっちゃんたちとの交流を重ねた川口さんは、あることに気づきます。

「ホームレスのおっちゃんの多くは、自転車で空き缶を集めています。重い空き缶の袋を積んで自転車が壊れたら、お金をかけないために自分で直す。それを繰り返すうちに、自転車の修理が上手になっていきます。このスキルは使える、と思ったんです」

こうしてスタートしたHUBchariを一言で言えば、有料のレンタサイクルサービス。大阪市内の10カ所（2013年1月現在）に設置された「ポート」で自転車の貸し借りを行い、そこではHomedoorスタッフによる研修を受講した元ホームレスや生活保護受給者のおっちゃんたちが、自転車のメンテナンスや窓口業務などを担当しています。レンタル料は1日200円、月額980円の会員に登録することも可能。貸し出されているのは当初、廃棄《はいき》予定だった放置自転車をリサイクルしたものでしたが、現在は協賛先から譲り受けた自転車も使用しています。

雇用問題と放置自転車問題の両方を一挙に改善する。そんなアイデアを現役女子大生が実現しているという話題性から、2012年4月に本格スタートした際のオープニングセレモニーは、ＮＨＫや関西テレビといった大手テレビ局も報じるほどの注目を集めました。その後もポートの増加や、借りた自転車をどこのポートでも返せる利便性に加え、口コミなどでの認知度の向上もあって、今では営業マンが足代わりに使うこともあるそうです。

こうした盛り上がりにともない、今までに41名のおっちゃんがHUBchariの活動に参加しました。いずれも生活保護から抜け出そうと、懸命に仕事探しをしていた人たちです。もともと手先の器用な人が多く、廃材からポートの看板を作ったりして自主的にプロジェクトを盛り上

自転車をメンテナンスするおっちゃん。

げているおっちゃんが何人もいると言います。

こうした活動を通して、川口さんがおっちゃんたちに手に入れてもらいたいもの。それは決して仕事やお金だけではありません。「週に何度もハローワークに通っているのに、何年も仕事を見つけられない人たちが大勢います。そういう生活保護受給者の方は、『人様のお金で生活させてもらって申し訳ない』という罪悪感や、人と交わる機会がないことから生まれる孤独感を抱えていたりするんです。そうした人たちにとってHUBchariは、働く喜びや生き甲斐《がい》を見出すきっかけになっているんです」。

「なんかな、仕事し始めて毎日楽しいねん。一緒に働ける仲間もいるし、みんなみたいな若い子と話せるようなって若返った気がするんやわ」。元ホームレスのあるスタッフのおっちゃんはしみじみとそう語り、日々の仕事に励んでいます。

川口さんが掲《かか》げる目標は、今後3年でポートを100カ所にまで増やすこと。その努力もあって、冒頭でも述べたように住吉区が公式にHUBchariと提携するなど、行政も徐々にこの試みを取り入れようと動き始めています。放置自転車問題の全面解決まではまだまだ遠い道のりですが、困っていたおっちゃんたちをつなぐハブとして、彼らとともに着実に歩《ほ》を進めています。

もちろん、ホームレスや生活保護受給者の問題に直面しているのは大阪市だけではありません。この取り組みについてもっと知ろうと日本全国から問い合わせが殺到し、川口さんは週に数本の講演で各地を駆け回っています。「おっちゃんたちを助けたい……!」と、大阪の片隅で中学生の女の子が抱いた思いはいまや全国に飛び火し、新たなムーブメントを引き起こしているのです。（北川貴英）

子どもの日常品に日本の伝統を吹き込む
0から6歳の伝統ブランド「aeru」

今日の日本で「伝統的工芸品」の指定を受ける製品は、全国に215品目あります（経済産業大臣指定。2013年3月現在）。織物、染色品、陶磁器《とうじき》、木工品とその種類はさまざまですが、どれもが昔ながらの技術で作られているといった認定基準をクリアしたものばかり。大量生産される品に比べて一つひとつ手間をかけて作られるので高値が付き、ますます日常で使われる機会が少なくなることで、作る人も減り、技術が廃《すた》れてしまうという問題を抱えています。伝統品には、土地特有の歴史や美が表現されており、これが廃れるのは国の文化資源を失うに等しいこと。そのため一部は国が「文化財保護」として守る努力をしていますが、支えられる数には限りがあります。

伝統産業を次世代にしっかりと受け継いでいくにはどうしたらいいのか。多くの人が頭を悩ませてきたこの問題に、ひとつの回答を示したのが、株式会社和《あ》えるの矢島里佳さんです。矢島さんは大学在学中に日本の伝統文化に惹《ひ》かれ、各地の職人の元を訪れて回りました。そのときに気づいたのが、伝統技術を活《い》かして作られた子ども向けの製品が少ないことでした。

「日本のいいものを残したいと思えば、その良さを自然と感じられるような人を増やすしかない。そのためには、幼い頃から日本のホンモノに触れられる環境を創出することが大切だと思ったんです」

こうして矢島さんは、伝統技術を用いた子どものためのブランドを立ち上げることを思いつきます。「古いから良い」というのではなく、使い手の視点に立って、若い人でもほしくなるようなデザイン性の高い商品を作ろうと考えたのです。この企画を学生向けのビジネスプランコンテストに応募したところ見事優勝。2011年には先述の「和える」を設立し、その翌年には「0から6歳の伝統ブランドaeru」として、初めてのオリジナル製品の発売にこぎつけました。

記念すべき第一作は、徳島県の本藍染《ほんあいぞめ》で染め上げた「本藍染出産祝いセット」です。タオルと靴下、産着《うぶぎ》の3点入りで、深い藍色の美しさはもちろんのこと、オーガニックコットンの手触りも気持ち良い品。赤ちゃんを日本のホンモノで迎

本藍染出産祝いセット。

え、「日本の伝統の良さを肌で感じられる人になってほしい」という願いも込めて贈ることができる、お祝いにぴったりの品です。

本藍染とは、化学薬品を一切使用せず「天然灰汁発酵建て《てんねんあくはっこうだ》」と呼ばれる技法で染めたもののこと。洗濯の際に色落ちはしても色移りすることは少なく、抗菌作用もあるので、子どもに汗疹《あせも》ができにくいのです。一方、化学薬品を使った「藍染め風」の品は、安価で手に入れやすいですが、色移りしてしまうため、従来の本藍染にまで誤解が生まれることも。そうした伝統産業に対する誤解を解いて、正しい知識を得てもらうことも大切と、矢島さんは考えています。

aeruはその後、愛媛県の和紙《わし》職人による「湧《わ》き水で漉《す》いた和紙のボール」（楮にゼオライトという成分を加えてできた、湿度調節機能がある和紙で作られた遊具）や、大谷焼（徳島県）・山中漆器《やまなかしっき》（石川県）・砥部焼《とべやき》（愛媛県）と三つの産地で作った、お皿の内側に「かえし」を付けて食べ物をすくいやすい形状にした「こぼしにくい器」などを発表しました。いずれも好評を博し、現在（2013年）では東京・伊勢丹新宿店にて常設販売されるほどになっています。

社名に取り入れた「和える」とは、「混ぜる」とは微妙に異なり、「もとの素材の魅力を引き出し、それぞれの良さを活かして合わせる」という意味を持つ言葉。この名が表すように、aeruがものづくりで大切にしているのは、日本の伝統技術を活かしながら、現代の感覚を取り入れていくこと。そのため、提携する技術や産地の選択に矢島さんは独自の判断基準を設けました。それは、若い職人が活躍する産業かどうかということです。

「いま私がお付き合いさせていただいている職人さんは、ほとんどが20〜40代です。若い職人が魅了される産業だからこそ、新しい感性を持つ若い人たちに受け入れてもらえる可能性があると考えたんです。伝統品の保護は大切ですが、今あるすべてのものを残せるとは思っていません。時代とともに消えていくものが出てきてしまうのはある意味仕方ないこと。そのなかでaeruでは、現代の人々が良いと思えるものを選んで、信頼できる職人さんたちとともに商品を作っていきたいと思っています」

現在矢島さんは、和の文化を分かりやすく伝える「和のコンシェルジュ」として他社の商品開発やイベントのプロデュース、講演なども手掛けているほか、経済産業省が推進する「クールジャパン」政策に関わり、世界に日本の伝統産業をアピールする活動も行っています。また、今後は職人の元へ体験しに行く「職人に逢《あ》える和えるツアー」などの催しを通して、子どもたちが伝統品に触れる機会を作っていく予定です。

高価で質は良くても、どこか重たいイメージのつきまとう伝統工芸品。若いセンスでこの世界に新しい風を吹き込み、国の保護だけではまかないきれない伝統文化を営利活動に沿ったかたちで守ろうとする「和える」は、日本文化の伝承と刷新の両立を追求しているのです。(甲斐かおり)

文化的資料のデジタル保存を
娯楽と教育の機会に変える「Digitalkoot」

フィンランドの首都ヘルシンキにあるフィンランド国立図書館(The National Library of Finland)は、同国で最古の歴史を誇る国内最大の学術図書館。国の文書史料や歴史遺産を収集・保管するとともに、広く一般の人々がこれらを利用しやすくなるよう、環境の整備に努めています。

この図書館では、2008年以来、とりわけ文書史料のデジタル化に積極的に取り組んできました。OCR（Optical Character Reader：光学式文字読取装置）を使って、新聞・雑誌・書籍・地図など、18〜20世紀の文献を合計約400万ページにわたってスキャンし、デジタルデータに変換。しかし、紙の劣化や書体の複雑さのため、文字の読み取りに不具合が生じる場合もあり、デジタルデータの質を上げるためには再入力や修正といった手間のかかる作業が避けられません。「文書史料のデジタル化にともなって発生した膨大《ぼうだい》な量のマニュアル作業をどのように完遂《かんすい》できるか？」が、フィンランド国立図書館にとって大きな課題となっていました。

その解決のために、フィンランド国立図書館は2011年、同国のベンチャー企業であるマイクロタスク（Microtask）と提携。インターネットを通じて不特定多数の人々が参加できる「クラウドソーシング」に、問題の解決にゲームデザインの技術を活用するゲーミフィケーションを取り入れたオンラインプラットフォーム「Digitalkoot（デジタルクート）」を開設しました。

デジタルクートでは、より多くの人々に気軽に参加してもらえるよう、二つの工夫を凝《こ》らしています。ひとつは、誰でも簡単にできるようにシンプルなタスクに分解していること。文書史料のデジタルデータから再入力や修正が必要な箇所を自動で抽出し、「esityksistä（公演）」「Uskon（私は信じている）」など、単語ごとの小さな単位にあらかじめ細分化しています。

もうひとつの工夫は、遊びの要素です。開発されたのは、モグラをシンボルキャラクターとして単語を修正・入力する「Mole Bridge（モグラ・ブリッジ）」と、同データから修正すべき文字を発見する「Mole Hunt（モグラ・ハント）」という二種類のゲームです。

「モグラ・ブリッジ」は、橋を作ってモグラに川を渡らせるゲームで、表示された文字画像に対して単語を正しく入力するごとに橋が川の対岸に向かって少しずつ伸び、モグラがその上を進んでいきます。また「モグラ・ハント」は、モグラが掲げるボードに書かれた二つの単語を比較し、双方が一致していれば「○」、不一致ならば「×」を選ぶというシンプルなゲーム。プレイヤーに「○」もしくは「×」を選ばせることで、

正しく変換された単語と修正が必要な単語を分類するという仕掛けです。

いずれも、正解ごとに得点が加算される一方、不正解だと減点されたり、制限時間を超えるとゲームオーバーになってしまったりと、ゲームならではのドキドキ感も味わえます。また、ネットを通じて世界中の誰でもゲームに参加することができ、デジタルクートの公式ウェブサイト上に高得点ランキングが発表されるので、プレイヤー同士で得点を競い合う楽しみもあります。

ゲームを楽しみながら文書史料のデジタル化に貢献できるだけでなく、この試

「モグラ・ブリッジ」画面。「デジタルクート」オフィシャルデモムービーより。
http://www.digitalkoot.fi/

みを通じて、文献に含まれている単語や昔のフォントに触れるうちに、フィンランド語の語彙《ごい》を学んだり、国の歴史・文化に興味を持つようになる効果も期待されています。たとえば、19世紀の新聞記事のデータを通じて、「ユハンヌス（Juhannus:夏至祭）」や「ヴァプンアーット（Vapunaatto：毎年4月30日から5月1日にかけて行われる祝祭行事）」といった現代に引き継がれているフィンランドの伝統行事を当時の人々がどのように祝っていたか、垣間見ることができるかもしれません。

デジタルクートは無償のプロジェクトであるにもかかわらず、2011年2月8日から2012年11月29日までの期間、フィンランド・アメリカ・イギリス・スウェーデンなどからおよそ11万人のボランティアが参加し、のべ322日分におよぶ作業時間を経て、約400万ページ分の膨大な文書史料の修正が完了しました。フィンランド国立図書館では、この実績を活かし、新聞記事に注釈を付けるクラウドソーシング型の新しいオンラインプラットフォーム「Kuvatalkoot（クヴァタクート）」も2013年末までに立ち上げる方針です。

文書のデジタルデータ化は、もちろんフィンランドだけの課題ではありません。日本でも国立国会図書館が、従来の写真フィルムによる保存から、２００９年には原則デジタル化へと移行しました。誰もが閲覧できる開かれたアーカイブを実現するためにも、文化的遺産の半永久的な保存手段としてのデジタルデータ化は、今後ますます求められると考えられます。また近年、口述筆記や動画用字幕の生成などにおいて、人間が話す音声言語をコンピュータが解析し文字データとして取り出す音声認識技術が活用されていますが、その精度はまだ１００パーセントとは言えないのが現状。そこで、音声から自動的に変換された文字データの修正プロセスにおいても、デジタルクートの事例が応用できるかもしれません。

世界各地でこのような言葉のデジタルアーカイブ化が進むなか、デジタルクートのようにエンタテインメント（娯楽）とエデュケーション（教育）を兼ね備えた、楽しみながら学習できる「エデュテインメント」は、文化財保護の新しい仕組みとして幅広く活用できそうです。（松岡由希子）

島の内外を橋渡ししてコミュニティを活性化するメディア

「離島経済新聞」

日本という国は島の集まりでできています。北海道、本州、四国、九州、沖縄本島の本土5島を含む島の数は全部で6852島。本土を除いた「離島《りとう》」（本土から離れた島を区別するために使われる行政用語）と呼ばれる島々は6847島で、そのうち有人島は約430島にものぼります。

ところが、本土のうち一番小さい沖縄本島でも人口100万人以上なのに対して、離島に住む人口はすべて合わせても70万人ほど。それぞれ少なくて数名、多くても15万人の人が暮らす小さな島々です。離島では過疎化も進み、50年後には、離島振興法で定めた有人島の約1割から人が消えるとも言われています（国土交通省調べ、2011年）。

一方で、離島にはそれぞれ独特の慣習や郷土食があり、島特有ののんびりした生活や島民の人柄は、都会人にとっての憧《あこが》れでもあります。そうした島の魅力と問題点に着目し、観光情報だけではない島の楽しみ方や情報交換の場を提供したい、と作られたのが、ウェブマガジン「離島経済新聞」（略称「リトケイ」）です。

発起人《ほっきにん》の鯨本《いさもと》あつこさんは、長年編集やデザインの仕事に携わってきた方。友人が島へ移住したことがきっかけで、島の情報の分かりにくさに気づきました。「ある離島について調べていたとき、サイトが古く整備されていないものが多くて、とても探しづらかったんです。これではせっかく抱いた興味も失われてしまう。実際に訪れてみると、島には面白いことがたくさんあって、それを島外で知る手段がないのはもったいないと思えました」。もっと島の良さを分かりやすく伝えられたらと、リトケイを立ち上げます。

「島の情報」といっても、鯨本さんが伝えたいのは、宿やビーチといった観光情報だけでなく、もっと島の内側が分かるような情報です。島民が普段食べている珍味や、島での仕事や行事のことなど、住民の暮らしに焦点を当てた記事を掲載しています。たとえば、小笠原諸島で食べるウミガメ料理の紹介や、長崎県福江島《ふくえじま》のお盆祭りの運営者へのインタビューなど、島の日常と非日常を綴《つづ》った記事ばかりです。「経済新聞」

という名前には、そんな離島を面白いと思う人が増え、島への訪問者やモノの売買を含めて、島の経済が活性化してほしいという思いが込められています。

リトケイでは、島民や島の出身者、島好きの人々から「島記者」を募《つの》り、情報を提供してもらっています。ツイッターやフェイスブックといったSNSもフル活用し、島外の人でも島の活動に参加しやすくするプラットフォームを目指したのです。この結果、今では全国に150人ほどのコミュニティができつつあります。

とはいえ、島にはインターネット環境が整備されていないところも多く、ウェブサイトだけでは不十分と考えた鯨本さん。もっと気軽に島の情報に触れられるようにと、2012年1月からはタブロイド紙「季刊リトケイ」も発行し始めました。島出身の芸能人へのインタビューや、ひとつのテーマで島の人々がコメントを出し合うコーナーなど、島民の本音が見える記事づくりをしています。これまでに4号を発行し、全国の書店や港にある売店などで販売中です（2013年2月現在）。また本屋に島関連の本の専門棚を設置する「島Books」プロジェクトも、全国の95書店に広がっています。

情報発信を続けるなかで分かってきたのは、島に住む若い人ほど、島外の人と情報

季刊リトケイ。

交換したり、刺激を受けたりする機会がほしいと思っていること。また、島を出た島出身者やその子どもである二世も、故郷には愛着を持っており、「島のために何かをしたい」と思っていることも見えてきました。「意外と島外で島のことを真剣に考えている人が多いことに気づきました。そうした一人ひとりがリトケイ以外の場でも情報を発信する側にまわれば、離島を活気づける輪も広がるかもしれない」と鯨本さん。

たとえば長崎県五島《ごとう》出身の田端一彦さんは、リトケイとの出会いがきっかけで2011年4月に「五島ZINE」というフリーペーパーを発行しました。田端さんはこのフリーペーパーを作るなかで東京在住の五島出身者とつながり、誌面で五島料理を食べられる店や島の商品のPRを行うようになりました。全国に五島出身者のコミュニティができ、地元のバンドが上京する際にはみんなで集まって支援するなど、五島を応援する活動を行っています。

現在、鯨本さんはリトケイに集まるデザイナーや編集者たちとともに、島について一番知っているはずの島民みずから情報発信できる方法を考えています。2012年から「リトルコミュニティラボ」を始めたのも、そうした動きの一環です。これは、島で頑張る若手を講師として招き、その島ならではの暮らしや仕事のこと、その良さや難しさを話してもらう試み。鯨本さんはこの取り組みを始めた理由についてこう話します。

「島々が抱える問題には、日本の他の小さなコミュニティにも当てはまる共通性があります。少子高齢化や人口減少、医師不足など、島のことを知ることは地域の課題を共有することにもつながるんです」

リトケイは、島の内外の人が交流できる場を目指すと同時に、地域に関心の高い人たちの気持ちに火をつける役割も果たそうとしています。一つひとつの島の情報は小さくても、それを束ねて編集し、発信者を増やすことで、島の個性と普遍性がより多くの人に伝播《でんぱ》する機会を創出しているのです。

小さな島々にそれぞれの個性を放つ灯《あか》りが灯《とも》れば、日本全体が「輝く宝島」になる。それがリトケイの思い描く将来像です。（甲斐かおり）

「大阪のうまい」を船でハシゴして
新たなネットワークを生み出す「大阪水辺バル」

大阪は昔、都心部に網の目状の川・掘・水路が張り巡らされた「水都《すいと》」でした。江戸時代は船が主な交通手段で、物流も水路が当たり前。明治以降も造幣局《ぞうへいきょく》や新聞社、市場など、輸送を必要とする施設は水辺に建てられ、住居や店の出入り口も川側に付けられる、というふうに街は川を中心にデザインされていたのです。

ところがその後、鉄道や車の時代となり、役割を失っていった水路は次々と埋められていきます。残されたのは大阪市部を取り囲む〝ロの字型〟の部分のみ。水辺はビルの室外機が並ぶ、いわば〝街の裏側〟になってしまったのです。

そんな中、人々の暮らしと水辺をつなぎ直し、もう一度「水都大阪」を復活させようという動きが始まっています。そのひとつが、大阪の都市プロモーション「水都大阪フェス」の一環で、２０１１年にスタートした「大阪水辺バル」。天満橋《てんまばし》、北浜、なんばなど10カ所の船着《ふなつ》き場《ば》に2日間限定の〝バル街〟が出現。お客さんは各エリアを船で巡り、自慢のバルメニュー（ワンフードとワンドリンクで700円）をハシゴできます。2回目の開催となった2012年は、130店の飲食店が参加。船会社から個人の所有物まで、大阪中の旅客船15隻《せき》が結集し、約8000人を動員する大型イベントとなりました。

ゆったりとした川の流れの上で心地よい風を感じながら、10〜50分のクルーズへ。川から眺める見慣れない街の風景を楽しみながら、船長直々《じきじき》の水辺案内に聞き入ります。ささやかな船旅の後は、いよいよバル街の出番。レバテキ（レバーのタタキ）や船乗り風ラムトニックなど、

© psy

限定メニュー目指して街中を練り歩くのです。

「大阪水辺バル」を運営する「水都大阪フェス」ディレクターの泉英明さんはこう語ります。「船でアクセスできる〝水辺のカフェ〟や〝川の駅〟がたくさんできれば、陸と川を自由に巡る大阪独自の街の楽しみ方が日常の風景になります。それは経済を活性化するだけでなく、街への誇りを取り戻すことにもつながると思うんです」。

大阪ではその後、ベビーカーの同乗も可能な親子向けの大型船や、貸し切りクルーズができる小型船など、さまざまなタイプの観光船ビジネスが誕生しました。また、10カ所の船着場のうちイベント期間限定だった2カ所を常設化するための地元協議会が活発化するなど、一時的なイベントにとどまらない動きが生まれています。

とはいえ、安全性の確保などのため、水辺の使用にはたくさんの規制があるのも事実。「大阪水辺バル」のような取り組みを実現するには、行政との連携が不可欠です。ちょうどここ数年、大阪府市では中之島の景観整備計画が進められるなど、川を活かした街づくりは自治体の利害と一致していました。それを追い風に、「水都大阪フェス」に関わるメンバーが一つひとつ交渉を積み重ね、常設の「川床《かわゆか》」が許可されるなど、さまざまな規制緩和と新たなルールづくりを行ってきたのです。

「水都大阪フェス」のアドバイザーを務める大阪市立大学准教授の嘉名光市《かなこういち》さんはこう言います。「単純に、『何で、魅力的な水辺が実現できないの？』って思うんです。『行政は何もやらせてくれない』と思っているかもしれないけど、実際は耳を傾けてくれるんですよ。社会実験を続けながら、どうしたら公共性のある取り組みを、規制を越えて実現できるのか。それを考えるのが『水都大阪』なんです」。

かつての大阪人にとって当たり前だった水辺の風景を、行政と市民が一体になって復活させ、街の新たな活力の回路にする。地形の持つ隠れた魅力を、「食」という身近な入り口を通して浮かび上がらせた「大阪水辺バル」は、「食い倒れの街・大阪」を象徴する秋の風物詩《ふうぶつし》になりつつあります。（楢 侑子）

ソーシャルデザインTOOLKIT3

「せんきょCAMP」に学ぶ「ムーブメントの作り方」

グリーンズが考える「ムーブメント」とは、自分たちが動くだけでなく、たくさんの人が自発的に動く状況のこと。ありとあらゆるテーマ・種類のムーブメントが、日本各地で始まり、全国に広がって、新しい日常になっていく――もしそんなことが起きたら、日本はすごく面白い場所になるはずです。では、そんなムーブメントを起こすにはどのようにすればいいのでしょうか。

このコラムでは、「greenz.jp」発行人・鈴木菜央たちが2012年11月に立ち上げた「せんきょCAMP（以下CAMP）」の活動から学んだ「ムーブメントの作り方」について考えてみたいと思います（せんきょCAMPウェブサイト：http://senkyocamp.org/）。

「CAMP」は、「他人ごと」になりがちな政治的テーマを「自分ごと」にしていくためのオープンな対話の場を、日本中で開催するムーブメントです。3・11後で初の衆議院解散・総選挙（2012年12月16日執行）という絶好のチャンスを捉え、2012

年11月から開始。渋谷を皮切りに、わずか2週間で全国15カ所に「せんきょCAMP」が広がり、政治と社会参加について多くの人が語り合う場を作ることに成功します。

その動きは、「報道ステーション」「ニュースJAPAN」などのニュース番組、「朝日新聞」「東京新聞」などの新聞、雑誌やネットメディアにまで幅広く取り上げられ、大きな注目を集めることができました。

と、前置きはここまでにして、さっそく本題に入りましょう。まず、ムーブメントを作るスタート時に問いかけたいことは、次の5つです。

1 チャンスを逃さないよう、タイミングは正しい？
2 テーマは、「解決できていない不便」になっている？
3 適切で、具体的なゴール設定になっている？
4 みんなが共感できる「物語」になっている？
5 分かりやすいタイトルになっている？

まず、タイミングの見極めはとても大切です。風が吹いていないときに帆船は動きません。恋においてタイミングが重要なように、ムーブメントは「タイミング命」です。

次に、多くの人が潜在的に不便に感じているけれど、解決できていないことをテーマにすることが重要です。CAMP の例で言えば、「政治は大事なテーマ」だけど、「政治について気軽に話せない。むしろ、タブー」だと多くの人が思っている。でも実は、みんな政治について語れる場を待ち望んでいた。それが、人々が CAMP に集まる理由になったのです。

プロジェクトのゴール設定は、「いつまでに、誰が、何をするか」徹底的に明確にしましょう。CAMP で言えば、2013年の夏に行われる参議院選挙までに、全国300カ所で「せんきょ CAMP」が開かれることを目標にしています。目標が明確であれば、みんなが何をすべきか、すべきではないかがハッキリして、ゴールに向かう力を結集することができます。また、その成果（CAMP でいえば、全国での開催数）を、誰でも測れるようにしましょう。前進していることが可視化されることで、ムーブメントがさらに加速します。

そして、活動全体が共感できる「物語」になっていることが重要です。あらゆる場面において、ムーブメントに参加する誰もが自分の言葉で語れるようになることで、その周りにいる無関心な人々の心も動かすことができます。

最後に大切なのは、活動を分かりやすいタイトルに落とし込むことです。情報が一口サイズになっていて（短時間で理解できるほど分かりやすくて）、味も良ければ（共感できるテーマならば）、口コミ、ソーシャルメディア、プレスリリースなど、あらゆるコミュニケーションの場面で非常に有利となります。

CAMPでは、政治をテーマにしていることを示す「せんきょ」（ただし、とっつきやすくひらがなで）と、キャンプファイアを囲む楽しく豊かな時間という意味を込めた「CAMP」という単語を組み合わせました。来場者やメディアの反応を見ても、狙った目的を達成できたと考えています。

もしムーブメントが起こり始めたら、次はそれを広げる段階です。そのときはさらに次の5つを問いかけてみてください。

1　極限までシンプルで、豊かな活動にできている？
2　みんなが参加でき、勝手に広がる活動モデルになっている？
3　「楽しいこと」が推進力になっている？
4　関わる人全員が成長し続けられる場になっている？
5　コトの波を起こし続け、改良し続けられる？

予算も時間もない中でムーブメントを日本中に広げるには、そのすべてが極限までシンプルであることが絶対条件です。全国的ムーブメントとなった「100万人のキャンドルナイト」も、夏至《げし》・冬至《とうじ》に電気を消して過ごすだけ、というシンプルさがポイントでした。誰でも参加できるからこそ、より多くの人が豊かな時間を過ごすことができ、それぞれの生き方や社会のあり方を考えるきっかけになることができます。「活動はシンプルに。奥行きは豊かに」が合言葉なのです。

また、動きが勝手に広がるように、必要な素材をオープンに共有できるようにしましょう。CAMPでも、賛同者は誰でも自由に運営マニュアルや写真素材、ロゴマークをダウンロードして、自分たちで対話の場を開催できる仕組みにしています。

そして、活動すべてにおいて、「楽しい」と思う気持ちが最大の推進力になっていることが重要です。参加者が感じる、単純な「楽しい」も重要ですが、さらに味わい深い喜びをたくさん感じられるよう、プロセスを整えていきましょう。ムーブメントに参加する過程で新たな気づきがあったり、人間として成長できたりするように、居場所を作る意識が大切です。

CAMPでは、イベントを実行するプロセスにも、当日のさまざまな人との対話の中にも、多くの学びがあります。なかでも一番深い喜びを実感できるのは、自分自身が社会的な変化そのものになれるときです（ガンジーの言葉を借りるなら、“You should be the change that you want to see in the world.”です）。

最後に、状況は刻一刻と変化するからこそ、その都度必要なことは変わってきます。活動を続けながら、常にプロセス全体を振り返り、常に見直し続ける視点を持てるようにしましょう。

CAMPとしては、2013年夏の参議院選挙が次の大きな追い風です。そのときに大きなうねりになるよう、今のうちに種をたくさん蒔《ま》いて、全国で芽吹《めぶ》いていくようにしていきたいと思っています。（鈴木菜央）

政治とソーシャルデザイン：駒崎弘樹
「現場」から提言することで内側から変えていく

ソーシャルデザインの究極のゴールは、「古い当たり前」を乗り越えて「新しい当たり前」を定着させること。そのためには、政治家を動かして条例や法律を作ることも、選択肢のひとつと言えるでしょう。ここでは、日本を代表する社会起業家として活躍しながら、積極的にアドボカシー（政策提言）活動も行う認定NPO法人フローレンス代表の駒崎弘樹さんに、政治とソーシャルデザインの関係についてお話を伺いました。

――アドボカシー活動に関わるようになったきっかけは何ですか？

NPO法人フローレンスのビジョンは、「子育てと仕事、そして自己実現のすべてに、だれもが挑戦できるしなやかで躍動的な社会」です。私たちの政策提言も、そのビジョンの実現のために行っています。

行政の分野に初めて関わったのは2005年頃で、とある区の少子化対策の審議会においてでした。といっても、委員に指名されたわけではなくて、誰でも応募できる会合です。「次世代育成支援対策推進法」という、仕事と子育ての両立を支援する法律があって、各自治体はそれに基づき行動計画を作るのですが、そこで必ず市民の声を聞くプロセスがあるんです。応募者はそれほどいないので、するっと入れました。

政策ができるプロセスを知ることができたのはよかったのですが、そこでどうしても気になることがあったんです。たとえば、子育て支援の一環として区が主催するアニメのキャラクターショーには何百万円というお金が使われている。もちろん好きな子どもたちがいるのは分かるけれど、たった数時間でその額を使い切るのは問題なのでは、と。

当時は私もすでに事業を始めていたので、そのお金でもっと困っている人を何人も助けられると怒って、担当の方とケンカをしてしまったんです。それを反省していたら、あとで区役所の別の方から「怒ってくれてよかった」と言っていただいて。その方も「馬鹿馬鹿しい」と思いつつ部署が違うために意見が通らなかったそうで、そんな政治的な力学も垣間見ることができました。

驚いたことに、その企画は翌年にはなくなったんです。違和感を呈《てい》しただけで、無駄に使われていた何百万円が別の区政に活かされるようになる。それってすごいことなんじゃないか。これが政策提言の最初の手応《てごた》えでした。

——スカッとする話ですね。

政策提言に関わるようになったもうひとつのきっかけは、自分たちのアイデアが国にパクられたことです。フローレンスの核となる事業は訪問型病児保育なのですが、起業初期に厚生労働省の方に我々のモデルについてお話ししたんです。その数カ月後、日経新聞の一面に「厚生労働省が施設を持たない病児保育をやります」との記事が出た。最初は憤《いきどお》ったのですが、よく考えてみるとこれもすごいことだな、と。

私たちのような小さな事業者でも、ある社会的な課題に対して解決策を練り、経済的にもまわせることを示せれば、それを国が「採用」してくれる。国が自分たちのアイデアを勝手に全国へ広めてくれるわけです。行政による媒介は、より多くの人を救うためのテコになる。ならばモデルケースとなる成功事例を作り、「どうぞどうぞ」と国にパクってもらおう。私たちはこれを「黄金パターン」と呼んでいますが、こういうやり方があるということが大きな発見でした。

――そして、実際に国策になったと。

病児保育はそうしたなりゆきで、フローレンスの擬似《ぎじ》モデルが国策になったわけですが、今度はこのパターンを応用して、待機児童問題を解決してやろう、ということで動きました。

いま全国では待機児童が約4万人いるとされていますが、保育園が足りない原因のひとつは「入園する子どもの数が20人以上いないと保育園は作れない」と法律で定められているからです。都心で20人が入れる場所を借りれば、どうしても家賃は高くなる。でも、都市部の住宅の約16％が空き家と言われ、実はスペースは余っている。だから空きスペースで定員10人前後の保育園をうまく運営できれば、待機児童問題は解決するかもしれない。それが、「おうち保育園」のコンセプトだったんです。2010年、東京都江東区で空き住戸を活用した小規模保育施設「おうち保育園しののめ」がオープンし、9名の定員に20名を超える申し込みがあり、結果として成功しました。

その後、この「おうち保育園」のアイデアは、「子ども・子育て関連3法」の中に「小規模保育事業」として盛り込まれ、同法は2012年8月に国会にて成立しました。

──法律が成立するまで、ことはスムーズに運んだのですか？

強烈な反対もありましたよ。自治体が運営している保育園にしてみれば、参入してきた民間団体が立派に運営できるなら「そもそも保育園の職員が公務員である必要があるの？」というところまで踏み込むことになるので。ただ、私自身さまざまな審議会からお声がけをいただき、場数《ばかず》は踏んでいました。次第に官僚や政治家の方との接点も増え、日本のあるべき姿という大きなゴールを共有することで各方面の理解を得ながら、少しずつ落としどころを探っていきましたね。

審議会に参加するようになって特に感じたのは、説得力のある対案を持っていないとそこにいる意味がないということです。議事録が法案の土台となるので、そこに意見を盛り込まないといけない。普段考えていることをブログで発信して反応を見てみたり、その準備を日頃からしておくことが大事です。

いまの政治が信じられない気持ちも分かります。ただ、社会に必要な仕組みを作るためにやるべきことはシンプルで、「現場」を知る人たちがマイプロジェクトを通じてどんどん政策提言していくことだけだと思うんです。

政治家や官僚の方々に、現場で困っていることや、「こんな制度があれば多くの人が助かる」というアイデアを伝えることで、超党派の議員連盟ができるかもしれない。ただ「No!」と叫ぶだけでなく、「Yes!」と自分たちでルールを作っていくような新しいかたちのロビー活動が盛んになれば、極端な話、政権をどの党が取るかで一《いっ》喜《き》一《いち》憂《ゆう》することもなくなるかもしれません。

――どうすれば、そんなロビー活動が広がるんでしょうか。

まず「リーダーが変われば日本はよくなる」という幻想を捨てることですね。政治家や行政にも果たすべき役割と責任がありますが、それらに頼りきりになるのではなく、みんなが「当事者」になる必要があると思います。私は保育や子育て支援の領域でやっていますが、各領域にそういう「小さなリーダー」や市民型ロビイストがあまねくいれば、相当多くのルールを変えられると思います。

そのためにはステップを着実に踏んでいくことが必要です。まずはPTAや町内会のメンバー、住んでいる自治体の、市民が参加できる委員とかになって、そこでシビアな交渉を経験してみるのもいい。多くの利害関係者が交わるという意味では、学校や街だって小さな国のようなもの。どこを押すと物事が動いてくれるのか、その感覚を磨くことが大事です。

ガンガン要求するだけだと扉が開かなかったけど、PTAと校長先生で一緒に問題解決しよう、という姿勢になると活路が開けたり、町内会で細かい仕事を引き受けてコツコツ信頼関係を築くといろいろと意見が通ったり……など、問題解決のリテラシーはそこかしこで学べるわけです。

これからのロビー活動は、革命のように何かを壊して作り変えるというよりも、ルールを内側から書き換えていくような、ある意味ハッキングに近いものになるんだと思います。「日本を変えよう！」と気勢を上げるよりも、自分たちがほしいと思うルールを作っていたらいつの間にか日本が変わっていた。きっとそのくらいの気持ちでいることが大切なんだと思います。

――とても共感します。最後に駒崎さんにとっての「日本」って何ですか？

「母親」ですね。綺麗だから母親を愛して、病気だから愛さないとか、そんなことはなく、母親は母親なわけで。自分を育んでくれた母親たる日本と向き合い、貢献するのは、そういう意味では自然なのかなって思います。

駒崎弘樹（こまざき・ひろき）
1979年生まれ。大学卒業後「フローレンス」をスタート。日本初の「共済型・非施設型」の病児保育サービスとして展開。厚生労働省「イクメンプロジェクト」推進委員、NHK中央放送番組審議会委員も務める。

第４章
日本から世界に羽ばたく

カッコいい車椅子を作ることで本当のバリアフリーを目指す「WHILL」

2006年、公共交通機関や百貨店・病院など特定の建築物の管理者にバリアフリー化の推進を促す「高齢者、障害者等の移動等の円滑化の促進に関する法律」が制定されました。その結果、たとえば駅などの旅客施設の段差解消については、2005年度に56・5%だった達成率が、2011年度には85・5%と前進しています（国土交通省「移動等円滑化実績等報告書」）。しかし、バリアフリー化の進展にもかかわらず、車椅子の利用者を街で頻繁《ひんぱん》に見かけるようになったわけでもないようです。その原因のひとつに、通路などの改良の一方、肝心の車椅子の「イメージ」が従来からあまり変わっていないことが挙げられます。

たとえば福祉心理学を研究する筑波大学教授の徳田克己さんは、研究のため自ら実際に電動車椅子に乗ってみて、「車いす＝恥ずかしい乗り物、弱い人の使う物」というネガティブな「世間の目」が、心理的な障壁となって車椅子の利用を妨《さまた》げているのではないかと指摘しています（国際交通安全学会「IATSS Review vol.30 増刊号」2004年）。これは環境面の整備だけでは車椅子ユーザーの問題は解決しないということを示唆しています。

そのような車椅子のイメージを覆《くつがえ》そうと開発されたのが、次世代のパーソナルモビリティ「WHILL（ウィル）」です。開発者の一人で現在WHILL Inc.のCEOを務める杉江理《さとし》さんは、日産自動車デザインセンターを経て、2009年からは世界各地に滞在し、そこで得た価値観をデザインとして提案するプロジェクト「Smile Park」の活動を行ってきたデザイナー。2010年、杉江さんは神奈川県総合リハビリテーションセンターで出会った一人の車椅子ユーザーから、心理的障壁のために「100メートル先のコンビニに行くのをあきらめる」という声を聞き、WHILLの構想を始めます。

日本に帰った杉江さんは仲間とともに、車椅子に装着することで電動化できる「カッコいい」ガジェットの開発に乗り出します。ネットを通じてプロジェクトに出資できるクラウドファンディング・プラットフォーム「CAMPFIRE」で資金を募《つの》り、プロトタイプを制作。2011年には見事東京モーターショーへ出展し、その結果、28カ国の車椅子ユーザーからコンタクトがあり、19カ国40社とディストリビューター契約を結ぶことになりました。

大きな反響を呼んだ最大の理由は、WHILLの機能や操作性も含む総合的なデザイン性の高さです。今までの電動車椅子は、従来の車椅子を改造し、手元のレバーで操作できるようにしたものが一般的でした。しかしWHILLは、二つのホイールとそのあいだを結ぶ手すりが一体となったガジェットで、これを従来の車椅子に取り付けるというもの。着脱が容易なので、室内では手動、外出時には電動というように利用できます。操作は、行きたい方向にハンドルを押し下げるだけというもので、レバーよりも直感的な操作が可能になりました。その外見も、従来の車椅子とは異なってホイールは丸みを帯び、機能美を追求したスマートなデザイン、色合いも白と黒のシンプルなものです。

東京モーターショーの反応を受けて、杉江さんは仲間と会社を起業しWHILLの製品化に着手しました。と同時に、着脱型ではない一体型のシニアカー（電動車椅子）の開発も始めます。これは、普段車椅子に乗ってはいないけれど歩くのがしんどいという高齢者や、足に麻痺《まひ》などがあり長距離を歩けないという人に向けた製品。「カッコ悪いシニアカーには絶対乗りたくない」という団塊世代の声も反映されています。

この一体型の「WHILL type A」は、着脱型の製品化に先駆けて2013年末には予約を開始し、まずアメリカで100台販売する予定です。安さを売りにするのではなく、高くても売れる良い物を作ろうとしていることもあり、販売価格は「今のシニアカーよりも少し高いくらいの価格」を予定しているそうです。

「車、バイク、自転車、シニアカーが乗

一体型の WHILL type A。

り物として並列になったらすごいですよね」と杉江さんが言うように、シニアカーのような電動車椅子が「高齢者だけの」乗り物ではなくなり、誰にとっても自分に合った乗り物として選択肢のひとつになることを実現しようとしているのです。

ひとつの「モノ」のイメージが変われば、最終的に人々の「心」をも変えるかもしれない。世界中から共感を集めるWHILLのプロダクトは、そんなものづくりの未来を垣間見せてくれています。（石村研二）

手話によるコミュニケーションをテクノロジーで効率化する「シュアール」

WHO（世界保健機関）によると、聴覚障害を持つ方は全世界で3・6億人にものぼるそうです。こうした聴覚障害者にとって重要な国際言語である手話ですが、そこにさまざまな問題が隠されていることを知る人は、そう多くはありません。こうした聴覚障害をめぐる問題の解決に挑戦しているのが、手話とテクノロジーを切り口にしたビジネスを展開する「シュアール」グループ代表の大木洵人《じゅんと》さんです。

たとえば「テルテルコンシェルジュ」というサービスでは、聴覚障害を持つ方がインターネット回線とiPadを利用して手話通訳者を呼び出すことができます。「手話通訳」とは、一般的な通訳と同様、聴覚障害者と健常者の会話を、手話のできる第三者が橋渡しするコミュニケーション方法を指します。

これまでの手話通訳は、コミュニケーションを取る聴覚障害者の隣に、物理的に「同席」することで提供されてきました。しかし、これでは金銭的コスト（自治体によってまちまちですが、2時間程度の利用で約1万円）がかかり、何より交番で道を尋ねるような「ちょっとしたコミュニケーション」のための利用が困難です。また、そもそも通訳者が少ない地域ではサービス自体が利用できません。しかしテルテルコンシェルジュなら、場所に制限されることもなく、かつ短時間の利用もできるようになるわけです。

大木さんがこのサービスを思いついたきっかけのひとつは、街で偶然見かけた筆談《ひつだん》の光景でした。聴覚障害者の方が「高崎駅から浅草駅まで行きたい」と乗換え方法を訊《き》くために駅員に紙を渡したところ、帰ってきた答えはなんと「無理」。どうやら駅員は「新幹線で行けないか？」という質問だと勘違いしてしまったのです。些細《ささい》なコミュニケーションの場面ですら、聴覚障害者は不便を被《こうむ》ってしまうことがヒントになりました。

このサービスは、すでに六本木ヒルズ、表参道ヒルズ、ヴィーナスフォート、ラフォーレ原宿といった東京の大型ショッピング施設での試験導入が始まるなど広がりを見せています。月額利用料金19000円（2013年3月時点）を導入企業が支払い、障害を持つ方々にサービスを利用してもらいます。利用上限はないので、契約さえしていれば何度でも

「テルテルコンシェルジュ」で通訳者を呼び出す。

利用することができます。

また、シュアールで現在開発中なのが「スリント・ディクショナリー」というサービス。こちらは「手話専門のウィキペディア」とも言える、ユーザーが作るオンライン手話辞典サイトです。

これまでも紙の手話辞典は存在していましたが、数年に一度の発行で、新しい言葉が掲載されるまでに時間がかかっていました。「インターネット」と「携帯電話」という単語が手話辞典に加えられたのは、ごく最近のことだそうです。

こうした問題を受けて、「スリント・ディクショナリー」では、手話ができるユーザーが手話の動画を単語や表現ごとに投稿できるようになっています。このサービスによって、たとえば「ツイッター」「フェイスブック」のような新語を共有するスピードが格段に早くなることが期待できます。

また、紙の手話辞典は「調べる」ことにも困難がつきまといます。外国語の場合は、分からない表現をそのまま辞書で引くことができますが、「動作」である手話は、そうはいきません。そこで、独自に開発したオンラインの「手話キーボード」が、手話動作の意味を「見た目」から引くことを可能にしました。このキーボードには人間の上半身と手指《しゅし》の形が各キーに刻印されており、たとえば「口のあたり」「人差し指を立てる」という各キーを入力することで、今まで言語化が困難だった手話の記述を容易にしたのです。

スリント・ディクショナリーの革新性によって、大木さんは東アジア初の「アショカ・フェロー」の認定を受けました。アショカ・フェローは、グラミン銀行のムハマド・ユヌス、ウィキペディアのジミー・ウェルズなども認定されている社会起業家のグローバルなネットワーク。大木さんは日本を代表する世界的な社会起業家の一人として認められたのです。

身近な街で見かける困りごとは、視野を広げてみれば、世界のどこかにいる誰かにとっても同じように起きていること。日本で生まれたマイプロジェクトが、世界の課題を解決していく。シュアールは、その可能性を切り拓《ひら》いているのです。（イケダハヤト）

旅行者と現地の人のあいだに草の根の異文化交流をもたらす「Voyagin」

2012年のある日の晩、都内に住む日本人男性ユウキさんの自宅を、20代のドイツ人とノルウェー人の旅行者が訪れました。二人とユウキさんは初対面。ユウキさんは初級レベルの英語ながらも、すき焼きの作り方を二人に紹介。三人で料理し、お酒を飲み交わしながら楽しく会話をし、食事をしました。

ドイツ人のレオンさんは「日本の家庭料理がどんなものなのか知りたかったので参加した。ユウキさんのおかげでおいしいすき焼きの作り方も分かったし、日本酒も楽しめたよ」と大満足の様子。ノルウェー人のイダさんも「作り方は分かりやすかったし、友達の家に行ったかのように楽しい食事ができてうれしかった。日本旅行の一番の思い出になったわ！」と大喜びでした。

初対面にもかかわらずユウキさんの自宅で三人が食事をすることになったきっかけは、旅行者と現地の人をつなげて草の根の交流を促す「Voyagin（ボヤジン）」というサービスにあります。

「国際化」という言葉が日常的に聞かれるようになり、国境を越えて人材、物資、資金や情報の動きが加速する昨今。インフラの面では世界はどんどん「小さく」なる一方で、とりわけ日本では、個人と個人のあいだの人間的な草の根の国際交流はまだ多いとは言えません。多くの日本人が外国人と交流したいと思いながら機会がなかったり、多くの外国人旅行者が日本人と交流したいと思いながら方法が分からなかったりしているのではないでしょうか。

しかし、旅行者数は確実に増加しています。2012年の訪日外客数は約836万人で、日本からの出国者数は約1849万人（日本政府観光局「統計報道発表資料」2013年1月）。これは年別で過去2位（訪日外客数）と過去最高（出国日本人数）の記録です。この旅行者の多さに目をつけて、旅行を通じて国際交流を促し、異文化理解を進めようと高橋理志《まさし》さんが始めた取り組みがVoyaginです。

Voyaginは、旅行者と現地の人をつなげるマッチングサイト。一見、オプショナルツアーを販売する旅行会社のサイトのように見えますが、ある点でそれらと大きく異なります。

それは、サービスの提供者が、外国人との交流を希望する「有志」である点。冒頭で紹介した「日本の家庭料理を紹介したい」というユウキさんをはじめ、「ロリータファッションを外国人と楽しみたい」「書道と、その背景にある日本文化を紹介したい」など、ユニークな体験を提供したいという意志があれば、特に資格や技術、知識がない人でも、サービスの担い手になれるのです。

サービスの提供希望者がその内容を登録すると、Voyaginではサービスの質を保つためにそれを実際に体験して審査し

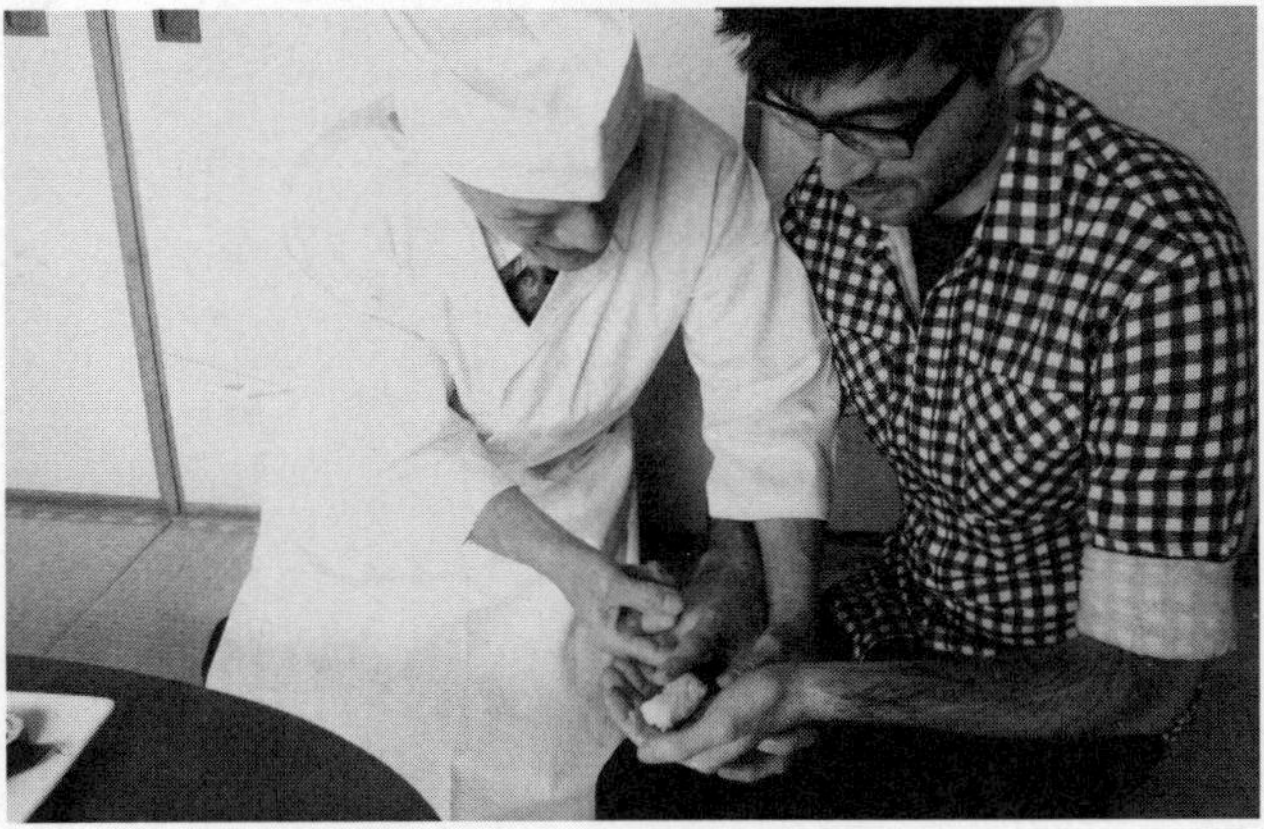

寿司づくり体験の様子。

ます。それを通過した情報はサイトに無料で掲載され、旅行者がサービスを選択し代金（サービス料は3000〜10000円のものが中心）を支払うと、Voyaginは手数料の15％を差し引いた報酬をサービス提供者に支払います。あとはサイト上にあるメッセージ機能を使って、利用者と提供者が英語でやり取りを重ね、落ち合うだけ。非常にシンプルな仕組みです。

高橋さんは、外国人旅行者をのべ50人以上も自宅に泊めて日本のあちこちを案内したり、自身が30カ国以上を旅したりするなかで、「旅行で現地の人の現実の生活に触れてこそ、その国の真の姿が見えてくるし、現地の人にとっても、自国の文化を再発見し、旅行者の母国の文化に触れる良い機会になる」と感じたそうです。

「日本のレストランで、熱いお茶とおしぼりが出てくると、外国人は驚きます。『これは無料なの？　話に聞いていたけれど、日本のサービスはすごいね』って。僕はそれを聞いて、『当たり前だと思っていたけれど、世界のサービスと比べると日本の接客はすごいんだな』と再発見しました」

とはいえ、これまでは、外国人旅行者と交流したいと思っている現地の人と出会えるかどうかは、運任せという側面がありました。高橋さんはそれを確実なものにするために、Voyaginを立ち上げたのです。現在は、日本に来る外国人旅行者と日本人をつなぐサービスだけでなく、アジアに旅行に出かける世界中の旅行者と現地の人をつなぐサービスも提供しています。

Voyaginの目指すものについて、高橋さんはこう語ります。

「今後、国際化がより一層進んだときに、個人のレベルで異文化への共感力と柔軟性を高めていくことは、多くの人が幸せに暮らすために意味のあることだと思います。そのために、私たちは単にユニークな体験とのマッチングをサポートするだけではなく、多様性を楽しむ人たちのコミュニティを作っていきたいと思っています」

そこで生まれた交流は旅行が終わった後も続きます。冒頭で紹介したイダさんは帰国後、教わった日本料理を作って、写真をフェイスブック上で公開。それを見たユウキさんがコメントを残し、イダさんの友達もその会話に加わりました。食を通じて外国人に日本文化を伝えることに興味を持ったユウキさんは、日系の水産商社へ転職してニューヨーク支店で働くことが決まったそうです。

「世界を身近にすることがゴール」という高橋さん。Voyaginが進める、心のつながりによる国際交流が世界のあちこちで行われ、多様性を楽しむ人が増えていけば、世界は今よりももっと小さく、幸せなものになっていくはずです。(フェリックス清香)

開発者、途上国の人々、そして応援したい人を結ぶ寄付プラットフォーム「コペルニク」

街頭で見かける募金活動。困っている人を助けたいとは思うものの、自分のお金がどのように使われるのかが見えないことに不信感を感じる人も多いのではないでしょうか。では、もし自分の寄付が何に使われ、その後どんな効果を生んだのか分かるとしたら? そんな支援金の行き先を明確にしたオンライン・マーケットプレイスが「コペルニク」です。

コペルニクが扱うのは、途上国のためのテクノロジー製品。4キロの道を4往復して運ばなくとも、容器を転がしながら一日に必要な生活水およそ50リットルを一回で簡単に運ぶことのできる「Qドラム」や、有害な煙を出す灯油ランプよりも安全で経済的な、太陽光エネルギーで充電できるソーラーランタン、汚れた水をバケツに入れておくだけでバクテリアを取り除くことのできる簡易浄水キットなど、必要なインフラさえ整っていない途上国が抱える問題に対して、シンプルかつ最大限の効果を出すことができるプロダクトです。

これらの革新的な製品を、ひとつあたり1000～20000円と安価で、届けたい地域に送ることができるのがコペルニクのオンラインシステムの特徴です。

寄付先での「Q ドラム」の使用風景。

これまでは企業や大学といった開発団体がその後の流通網を持っていなかったり、途上国で活動するNGOなどの団体にとって高額で買うことができなかったりと、必要としている一人ひとりへ製品が届きにくい状況がありました。そこでコペルニクは今までバラバラになっていた開発者、市民団体、そしてそれらを応援したい一般の人々をつなげるプラットフォームを生み出したのです。

コペルニクのサイトには、現地で活動する市民団体が本当に必要としているプロダクトが紹介されています。現地の要望を目の当たりにした支援者は、アジア・アフリカのどの地域に寄付するかを選び、届けるプロダクトの個数を自由に決めることができます。こうして、現地の団体はプロダクトを購入する初期投資の費用をまかなうことができ、寄付者は自分のお金がどこで何に使われるのか、明確に知ることができるというわけです。

プロダクトが届けられた後は、現地にどのような変化がもたらされたのか、実施団体から寄付者に写真や動画を使ったレポートが届きます。集まった寄付金のうち10％がコペルニクの手数料となり、支援先の調査費、現地NGOやテクノロジーの管理、サイトの改良・維持費などに使われます。

コペルニク代表の中村俊裕さんは、もともと国連開発計画の職員として途上国支援に携わっていましたが、「戦後からずっと続いてきた開発援助も、時代に合わせた新しいアイデアが必要。それなのにいまだに政府や国連は、トップダウンのアプローチが主流なのです」と従来の支援のあり方に限界を感じていました。

本当に支援を必要としている、末端《まったん》の貧困層の問題解決には、彼らのニーズに合い、かつ電気や収入がなくても使うことのできるテクノロジーが必要。そう考えた中村さんは、ちょうど途上国向けのテクノロジーが多く登場していたことに目をつけ、2009年にコペルニクを設立。そして2012年、本格的にコペルニクの活動に取り組むため10年以上勤めた国連を退職します。

コペルニクは、約3年間で中国やハイチ、フィリピン、ケニア、ナイジェリアなど世界13カ国、95000人に生活を変えるプロダクトを届けました。ソーラーランタンが届いたケニアのある農村では、それまで使っていた灯油を買うコストが浮き、代わりに子どもの文房具や制服を買ったり、食費などに回すことができました。ライトひとつだけでも、教育問題や食糧問題の解決につながる可能性があるのです。

こうした途上国での成功例は、実は日本でも活《い》かされています。コペルニクは東日本大震災の後、電気が不足している被災地へ太陽光で充電できるＬＥＤライトを送るプロジェクトを立ち上げ、２３００個以上のソーラーランタンや、太陽光充電で使用できる50人分の補聴器を届けました。「途上国の貧しい地域のために」と始めた取り組みが母国日本でも役立ったわけです。

トップダウンで決めていくのではなく、一人ひとりの思いをつなげてボトムアップでグローバルな課題を解決していく。一人の日本人が生み出したアイデアは世界のスタンダードとして広まりつつあります。（木村絵里）

化粧を通じて日本と途上国の女性の心をつなぐ「Coffret Project」

飢餓《きが》、貧困、紛争……。テレビで発展途上国の現状を目にして、「私には何もできない」という無力感に襲われた経験はありませんか？　でもそれは、問題の全体を見ていたから感じた気持ちなのかもしれません。たとえば、たった一人でも「この人のために」と思える存在がいたとしたら、その考えも変わってくるのではないでしょうか。ある女性との出会いから、自分なりのやり方で途上国の抱える問題にアプローチを始めた、一人の日本人女性の取り組みをご紹介します。

向田《むかいだ》麻衣さんが、世界最貧国のひとつとされるネパールに初めて足を踏み入れたのは、高校生のとき。アリの群がるドーナツ、緑色の水が出るシャワーなど、日本とは違うすべての光景に衝撃を受け、「私には何もできない」という悔しさを感じました。大学生になった向田さんは、今度はトルコ共和国へフィールドワークに出向きます。そこで出会った低所得者層の女性に「一番したいことは何？」と尋ねたとき、返ってきたのは「お化粧がしたい！」という答えでした。

向田さんはこの言葉に大きな気づきを得ます。食べるものや住む場所はもちろん大切。でも、心を彩《いろど》り、一人の女性としての尊厳を取り戻すための「美」も、彼女たちは同じように必要としていることを知ったのです。「日本人女性の家には、使い切れない化粧品が山のように眠っている。これを利用することができるのではないか」。
そんな思いを抱いた向田さんは、化粧品メーカーのマーケティング部を経て、独立。2009年夏に、化粧を通じて日本と途上国の女性の心をつなぐ「Coffret Project（コフレ・プロジェクト）」を立ち上げました。

コフレ・プロジェクトが最初に着手したのは、日本での化粧品回収のためのプロモーション活動。イベントを開催してプロジェクトについてのプレゼンテーションを行ったところ、一度のイベントで約200人の参加者から500点以上の未使用品が集まり、自社製品を提供してくれる化粧品メーカーも現れました。

2010年には集まった化粧品を手に、プロジェクトの原点であるネパールに足を運び、現地視察とともにビューティ・サロンで女性にメイクを施《ほどこ》すワークショップを実施。化粧で女性が笑顔に変わっていく姿を見て「美」の持つ力を改めて実感しました。

それと同時に、ネパールでは女性の正規就業率は男性のわずか5％程度であり、彼女たちにはほとんど仕事がないという現実を知ることにもなったのです。

「仕事がなければ彼女たちに本当の笑顔は戻らない」。現地女性の本当のニーズを感じ取った向田さんは、今度はネパールの「シェルター」と呼ばれる施設で、女性の仕事を生み出す仕組みづくりを始めました。シェルターは、インドの売春宿に売られてエイズなどの病気に感染した10～20代の女の子たちが一時的に保護されている場所です。ここにいられる1年半のあいだに手に職をつけなければならない彼女たちのため、ビューティシャンとして自立するための職業訓練計画を立てました。「あなたはこれが仕事なの？いいな、こういう仕事をやってみたい」。化粧を施すワークショップ中に、ある少女から言われた一言がヒントとなったの

です。

職業訓練実施のための多額の費用を捻出《ねんしゅつ》するため、日本でクラウドファンディングの仕組みを利用して支援を呼びかけたところ、約３００人から２５０万円を超える額が集まりました。そして、２０１２年10月から12月にかけて、これを元手に職業訓練を実現したのです。訓練は、日本や海外から、第一線で活躍するメイクアップ・アーティストたちを講師に招く本格的なプログラム。そこには、「シェルターという特別な環境にいる女性たちが、本当の意味で尊厳を取り戻して自立し、自信を持って生きていけるように」と願う向田さんの強い思いが込められています。

コフレ・プロジェクト発足《ほっそく》から約４年、現在は向田さんを中心にコアメンバー５人で活動を続けています。これまでに訪問した国は、ネパール、トルコ、フィリピン、インドネシアの４カ国、集めた化粧品を使って開催した化粧ワークショップは75回以上。活動で回収した化粧品の数は、個人と企業を合わせて約2万点と、その実績は着実に数字となって表れてきています。

海外だけではありません。東日本大震災後には、40社の化粧品メーカーから1万点以上の化粧品の提供を受け、それを宮城県や福島県へ届けるとともに被災者に化粧を施すメイクアップ・キャラバンや、有名メイクアップ・アーティストを招いたメイクレッスンなどを約2年かけて合計20回実施。ハンドクリームや保湿剤など、被災直後に見落とされがちだった女性にとっての生活必需品を提供してニーズに応えるとともに、心に大きな傷を負った人々を笑顔に変えてきました。

周囲から「根本的な問題は解決していないのに、お化粧して何の意味があるの?」と言われ、活動に迷いを感じることもあった向田さんが自信を持ったのは、実はこの被災地での活動のとき。「途上国での経験とは比較にならないほどたくさんの人にお化粧をして、みんなが笑顔になって、その場の空気が変わっていくのを見ていたら、これ自体がひとつの幸せのかたちだと実感できたんです」。実は彼女自身も石巻出身。親戚も被災した東北で必死に向き合った活動は、「チャレンジし続けよう」という新たな決意を彼女に与えてくれました。

手に届かないように見えた世界が、あるきっかけによって「自分ごと」になり、突き動かされるように始めた個人の小さな行動が、いつしか世界の問題をも解決する大

きな力になる。コフレ・プロジェクトは、自分と世界が地続きにつながっていることを示してくれているのです。（池田美砂子）

ソーシャルデザインTOOLKIT4
ソーシャルデザインを伝えるための「クイック記事」

社会の課題を一石何鳥にも解決するソーシャルデザインのアイデアは、「イイね！」の連鎖反応によって広がります。「自分ごと」から始めたプロジェクトがより多くの人に届くことで、「自分たちごと」としてますます育っていく。ウェブマガジン「greenz.jp」の大事な仕事のひとつが、そのような共感のインフラを整えていくことなのです。

そのために、グリーンズがライターさんと共有していることがあります。それは、グリーンズにとって記事とは、「価値を問うプレゼンテーション」であり、「情報生態系のひとかけら」であり、「読者への贈り物」である、ということです。

ソーシャルデザインは新しい価値を生み出すからこそ、すぐにはそのアイデアの価値にピンとこない方もたくさんいます。だからこそ、興味のなさそうな家族や友人にも「なるほど！」と言ってもらえるように、記事のプロットをしっかり組み立てよう、というのが「価値を問うプレゼンテーション」です。そのために導入部分を魅力的にしたり、アイデアを俯瞰《ふかん》して他のケースへの応用例を盛り込むなどの工夫をしています。

次の「情報生態系のひとかけら」とは、デスクトップかスマートフォンか、記事に触れる環境は読み手次第で変わるということです。だからこそ、読者からいただいた貴重な時間を無駄にしないように、冗長《じょうちょう》な表現ではなくシンプルにまとめることを心がけるようにしています。また、ソーシャルメディア上では記事のタイトルがひとり歩きするので、タイトルからだけでもシーンが想像できるか、思わずクリックしたくなるか、といった目線ももちろん大切になります。

そしてグリーンズが最も大切にしていることが、「読者への贈り物」という気持ちです。前向きな記事を読んだ後の高揚感こそ、グリーンズが提供できる最大の価値。読者の方がワクワクして、誰かに伝えたくなったり、動き出したくなったりするかどうかを想いながら、「ラブレターを書くように記事を書いてください」とライターさんたちには伝えています。

とはいえ「情報発信は苦手……」という方もいるかもしれません。そこでこのコラムでは、グリーンズ編集部が培《つちか》ってきた「誰でもグッドアイデアを伝えるための記事が書けるコツ」を共有したいと思います。それが以下の「クイック記事」のテンプレートです。伝えたい要素を整理し、「 」の中の問いに答えながら空欄を埋めていくだけで、伝えたいことの骨子《こっし》ができあがります。

ちなみにここで言う「クイック記事」とは、「インタビュー記事」や「レポート記事」のような記事の種類のひとつで、「これは伝えたい！」と思ったものをすぐに紹介してしまおう、というコンテンツです。

「クイック記事」のテンプレート

〈起〉みなさんは「(どんなあるある話?)」したことはありませんか?

〈承〉私の周りの「(困っている人は誰?)」さんも「(困りごとは?)」問題に困っていました。それを解決するためには「(解決策の方向性やコンセプトは?)」するといいのでは? そこで思いついたのが「(アイデアやプロジェクトの名前は?)」です!

具体的な活動は、「(具体的な活動を1~2例)」です。アイデアのポイントは「(どんなオドロキがある?)」こと、そして「(どんな共感できるストーリーがある?)」ことです。

その結果「(どんなhappyな変化がある?)」となり、みんな120%幸せになりました。

〈転〉もしかしたらこのアイデアは、「(どんな一石何鳥が考えられる?)」にも活かせるかもしれません。

〈結〉ぜひあなたも「(具体的なネクストアクションは?)」してみませんか?

アイデアのポイントを的確に整理するのが〈承〉の部分です。もちろんそれだけでも文章として成立しますが、グリーンズでは、より多くの方に届けるために、また実際のアクションに結びつくように、〈起〉〈転〉〈結〉の部分でさまざまな工夫をしています。ひとつずつ、見ていきましょう。

〈起〉は、いわゆる「つかみ」です。読者の時間は限られているからこそ、「この話は自分に関係がありそう」と思えるような出だしが肝心です。そのとき「あるある話」は、アイデアと読者をつなぐ「取っ手」の役割を果たします。ただし一方的に決めつけるのではなく、「それは多くの人が共感できることかな?」「内輪すぎたり、専門的すぎたりしないかな?」などと自問しながら、みんなが「あるある」と思わず言いたくなるシーンを考えていきます。

続いて〈転〉では、「応用例」を提示します。みんなが共感するグッドアイデアは、ひとつ上の視座で眺めてみれば、さらに多くの課題を解決できる可能性を秘めていることに気づきます。他にどんな隠れた価値があるのか、異なる状況でも応用できそうなヒントはないか、あなたならではの目線で見つけてみてください。

最後の〈結〉では、「具体的なネクストアクション」を投げかけます。大事なのは、記事を読んだ人にどんな気持ちになってほしいのか、という思いやりです。あまり遠すぎない、今日から始められる何か。そんな小さな一歩を後押しする〝締《し》めの言葉〟

が、「読者への贈り物」になるのです。

もちろんこの本にも、「クイック記事」のノウハウがあちこちに散りばめられています。「もっと発信力を磨いてみたい！」と思った方は、まずこのツールキットを参考に、記事を改めて読み返してみるのもいいかもしれません。（兼松佳宏）

世界とソーシャルデザイン：ケーシー・カプロウ
グローバルに学んでローカルなプロジェクトを磨いていく

ソーシャルデザインのムーブメントは、日本はもちろん世界中で広がりをみせています。身近な誰かのアイデアが、ソーシャルメディアで共有され、地球の裏側に住む誰かのヒントになる。そんなグローバルな知恵の共有が始まっているのです。

締めくくりとなるこちらのインタビューでは、雑誌業界の「オスカー」とも言われる「全米雑誌賞」のファイナリストにたびたび残るなど注目のメディア「GOOD」の共同設立者ケーシー・カプロウさんに、グローバルコミュニティとソーシャルデザインの関係について伺いました。

——GOODもグリーンズも2006年の立ち上げで、ケーシーさん（1981年生まれ）も僕（1979年生まれ）と同年代ということもあり、ずっと注目していました。

それはうれしいですね。4年前にYOSH（「greenz.jp」編集長の兼松佳宏）に初めて会ったとき、「地球の反対側でも、同じようなことを考えている人がいるんだ！」と感動したのを覚えています。

——僕も同じ思いでした。まずはGOODのこれまでの歩みを教えてもらえますか？

「GOOD」は「関心のある人々（people who give a damn）のための雑誌」として、2006年に創刊しました。オンライン版「GOOD.is」を立ち上げたのがその翌年で、この頃から定期的に読者とのコミュニティづくりを目的としたオフラインのイベントも開催しています。「GOOD.is」では「教育」や「街づくり」、「ビジネス」から「デザイン」まで幅広いテーマで、世界中の「good」な記事を発信しています。一方、季刊で発行している雑誌では、「選挙特集」や「移民特集」など、今アメリカでもっともホットな話題を取り扱うようにしています。

最初の数年はやはり雑誌の存在感が大きかったですね。世界の複雑なデータを分かりやすく視覚化して伝えるインフォグラフィックスは今や「GOOD」の代名詞ですが、デザインとソーシャルな課題をつなげるそうしたアプローチが話題となって、どんどん読者数が増えていきました。2013年現在、「GOOD.is」の月間ユニークユーザーは450万人ほどです。

――ものすごい数ですね！

「good とは何か？」ということに、世界的に関心が高まっているからだと思います。私たちがずっと続けているのは「good」のイメージを変えることなんです。

今までの「よいこと」って、「野菜を食べるべき！」みたいな「to do（～すべき）」という感じだった。でも、GOOD で紹介しているようなパワフルな変化を生み出している人たちを眺めてみると、「よいこと」が「want（～したい）」から始まっていることに気づいたんですね。

自分の関心と社会のニーズだったり、競争と協力だったり、理想と現実だったり、そうした相反するとされてきたことはたくさんあります。でも今の時代らしい「よいこと」って、「AかBかどっちか」じゃなくて、AとBをうまく「ブレンド」していくことだと思うんです。よりよい未来をつくるという方向では、誰もが一致している。だからこそ私たちは、地元のNPOや学校からペプシやIBMのような大企業まで、幅広いステークホルダー（利害関係者）とフラットにつながっていくことができるんです。

――2012年9月のリニューアルで、「GOOD.is」は、読者が記事をキュレーションできたり、気になる人をフォローできたりと、よりSNSに近いものになりました。これにはどんな背景があったのでしょうか？

新しい「GOOD.is」のキャッチコピーは、「現実的な理想主義者たち（pragmatic idealists）の、彼らによる、彼らのためのグローバルコミュニティ」です。情報発信は柱のひとつですが、ウェブマガジンというよりも、グローバルに学び、行動し、プロジェクトを一緒に磨き合うためのプラットフォームを目指しています。たとえば、自分のマイプロジェクトをアップロードして、フィードバックを受けるなんて使い方もできるようになったんですよ。

こうした方向性の背景のひとつには、GOODの役割の変化があります。最近では私たち以外にもソーシャルデザインの事例を紹介するメディアが増えました。「広める価値のあるアイデア」を共有するために世界各地で生まれているコミュニティ「TEDx（テデックス）」のように、アイデアを共有する場やイベントもグローバルにどんどん広がっている。そんな中で「GOODだからこそできることは何だろう？」と真剣に考えたとき、辿り着いた答えが、「グローバルなムーブメントを起こしたい！」ということでした。

GOODによって、自分の興味と近い世界中の仲間とのつながりが生まれ始めています。そこで、課題解決のためのツールキットを共有したり、コラボレーションできたりする場さえあれば、それを本当に実現できるかもしれないと思ったんです。

プラットフォーム化のもうひとつの背景は、グリーンズもそうかもしれませんが、私たちメディアが生み出す本当の価値とは、情報そのものよりもコミュニティだと気づいたことです。共同設立者のベン・ゴールドハーシュがよく言うのですが、私たちが主催するイベントで出会った仲間たちがどんどん結婚していったりする（笑）。それくらい、同じマインドの人たちが深く、そして意味あるかたちでつながれる場所に、いつの間にかなっていたんですね。

そこで、ここ1～2年は「ＤＩＹで家具を作ろう！」と読者にチャレンジを呼びかける企画や、「10万ドルでＬＡを素敵にする方法」といった、クラウドソーシングでアイデアを集める「GOOD Maker」といったサービスを立ち上げるなど、コミュニティを巻き込んだコンテンツづくりの実験を続けてきました。これらの集大成が、今回のサイトのリニューアルだったわけです。

――オンラインでのコラボレーションとなると、「本当に利用されるのか？」といった点で少しハードルが高いような気もしますが、何か工夫をしていますか？

リニューアル後の最初の４週間で、世界中から15万人もの方がアカウントを作ってくれました。今でも毎日１０００人ずつ増えていますし、旧サイトに比べてコメント数も5倍に増えるなど、一定の手応《てごた》えは感じています。

課題はまさに、自分から発信する人を増やして、コラボレーションすることのメリットを感じられるように、どう盛り上げていくかですよね。ひとつ言えるのは、

GOODに集まっている人は、場所は違えど同じようなビジョンを共有しているはずなので、お互いのことをもっとよく知る仕組みが肝《きも》なのかなと思っています。ただプラットフォーム側がユーザーをコントロールしすぎるのもよくないので、予期せぬ使われ方をされるほうが私たちにとってはうれしいことです。

——ケーシーさん自身が、いま関心を持っているテーマは何ですか？

ここまでグローバルな話が続きましたが、実は私がいま興味を持っているのは「ローカル」なことなんです。地元で採《と》れた果物でジャムを作って起業する人や、駐車場を一日だけ公園にする「Parking Day」のように、公共空間を素敵にするプロジェクトが増えている。「自分たちの住む街のことは人任せにするのではなく、自分たちの手で何とかしよう」と能動的に行動する人が増えていることを実感していて、それがもっともエキサイティングです。

そこで新しい試みとして、２０１３年3月から「GOOD Local」を始めました。これは世界各地で特派員を募集して、一緒に学んで行動し、プロジェクトを磨き合うローカルなコミュニティを作っていく取り組みです。特派員を募集したところ、中国からチリまで1000人を超える方からの応募があり、その反響の大きさに驚いています。まだ始まったばかりですが、地域に根ざした活動が、GOODを通じてグローバルにつながっていくのが理想ですね。

特に日本はセンスや美学において、世界にすごい影響力を持っているから、日本人からの発信を楽しみに待っている人は多いと思う。言葉の問題はあると思うけど、グリーンズならその役目を果たせるんじゃないかな。

——ちょうど今、日本発のグッドアイデアを世界の読者に届けることを目的とした「Greenz Global Community」を作っているところなので、いい目標ができました。これからいろいろご一緒できるのが楽しみです!

ケーシー・カプロウ（Casey Caplowe）
1981年生まれ。二つのアパレルベンチャー企業を立ち上げた後、2006年に「GOOD」を共同創設し、クリエイティブディレクターに就任。雑誌とウェブマガジンの編集とデザイン、ブランディングを一手に手掛ける。

おわりに

ここまでお読みいただき本当にありがとうございました。日本と世界の未来をもっと素敵にするソーシャルデザインの旅、お楽しみいただけましたでしょうか。

最後に少しだけ、本書ができあがるまでの話をできればと思います。

今回の『日本をソーシャルデザインする』は、2012年1月に出版した『ソーシャルデザイン――社会をつくるグッドアイデア集』に続く第二弾です。ありがたいことに、「読み終わった後、ものすごく前向きになる」「小さなことでもいいから、何かやってみたくなった」など、前作にはたくさんのうれしい感想をいただきました。

「社会の問題は、楽しく解決できる」というメッセージを届けることができ、まずはほっとした一方で、とても悔しかったのは、「『自分ごと』が大事なのは分かったけれど、『日本』のような大きなことは結局何も変わらないのでは?」という声。僕の力不足で充分に伝えきれなかったとすれば、いつかその誤解を解くチャンスがほしい。そう強く願ったのを覚えています。

ちょうど『ソーシャルデザイン』刊行後、以前は海外発の記事ばかりだったグリーンズでは、次第に日本各地の記事が増えていました。身近な課題を解決するためのマイプロジェクトが、やがて地域に前向きな変化をもたらし、画期的な事例は政策提言などを通じて、社会の新しい仕組みとして定着していく。テレビや新聞で報道される残念な日本のニュースとは対照的に、確かな希望を日々感じていたのです。日本の未来を、悲観している暇《ひま》はない。

そんな折、幸運にも続編の出版が決まります。そこで僕から提案したのが、ほぼ日本の事例だけで一冊をまとめるということ、そして「日本をソーシャルデザインする」というタイトルでした。グリーンズの次のステージを言語化してみようと思ったとき、ふとその言葉が降りてきたのです。

とはいえ、お気づきのとおり、あまりに壮大かつ曖昧な話です。そこでまず「日本」という言葉の解像度を高めるために、「あなたにとって、『日本』とは何ですか？」という、冒頭の質問をすることから始めることにしました。

「この島の、行ったことのある場所、そこで会った人々」（三原寛子さん）
「価値を充分に活《い》かせていない、もったいない途上国」（遠山正道さん）
「自分を育んでくれた、母親」（駒崎弘樹さん）

大好きな方々との対話を通して発見したのは、最初は「うーん」と頭を抱えながらも、しっくりくる答えを全力で見つけようとする真摯《しんし》な姿勢です。何かひとこと、言わずにはいられない。それほど「日本とは何か？」とは、日本に関わるすべての人が「自分ごと」として共有できる、魂をくすぐる問いかけなのかもしれない、と。

では、僕にとって、「日本」とは？　心に思い浮かんだのは、「家族」でした。

目の前の、当たり前のようにある存在を、仕事より何よりも最優先にすること。「とりあえず」とか「テキトーに」ではなく、100％の気持ちで向き合うこと。その積み重ねによって、心のコップは満たされていく。

満たされない部分を無理に埋め合わせようとするのではなく、そのコップから溢《あふ》れた分を、社会のために贈り物として届ける。その健やかな幸せの循環をつくっていくことが、僕が理想とするソーシャルデザインです。

「はじめに」にも書いたとおり、「日本」について語ることに正解などありません。一億人いればきっと、一億通りの表現がある。その豊かなボキャブラリーにこそ、日本の未来をもっと素敵にするヒントが秘められていると、僕たちは信じています。

さあ、次は、あなたの番です。

ひと呼吸おいて、少しリラックスしましょう。

あなたにとって、「日本」とは何ですか？

目を閉じて浮かんでくるシーンを頼りに、どうぞ言葉を紡《つむ》いでみてください。

「greenz.jp」編集長・兼松佳宏

廃棄野菜を活用して農家を元気にしたい →「Growth」
http://aomori-growth.com/

気軽に自家発電を始めたい →「藤野電力」
http://fujinodenryoku.jimdo.com/

第3章

ホームレス問題と放置自転車問題を解決したい →「HUBchari」
http://www.hubchari.com/

日本の伝統工芸を活かしたい →「aeru」
http://a-eru.co.jp/

文化的資料のデジタル化を楽しく進めたい →「Digitalkoot」
http://www.digitalkoot.fi/

地域の魅力を伝えるメディアを作りたい →「離島経済新聞」
http://ritokei.com/

地形を利用して街を賑やかにしたい →「大阪水辺バル」
http://www.osaka-info.jp/suito/jp/

第4章

本当のバリアフリーを達成したい →「WHILL」
http://whill.jp/ja/

聴覚障害者と気軽にコミュニケーションしたい →「シュアール」
http://www.shur.jp/

特技を活かして外国人と国際交流がしたい →「Voyagin」
https://www.govoyagin.com/

必要な地域に必要なものを寄付したい →「コペルニク」
http://kopernik.info/ja

化粧の技術を途上国の役に立てたい →「Coffret Project」
http://coffretproject.com/

上記ウェブサイト上の文章は、一定期間後読めなくなる場合があります。

参考リスト

本書『日本をソーシャルデザインする』のグリーンズ特設サイト
http://greenz.jp/socialdesign2/

第 1 章

サプライズでみんなを笑顔にしたい →「サンタのよめ」
http://santanoyome.com/

ご近所付き合いをデザインしたい →「いえつく」
http://ietsuku.com/

街の景観をよくしたい →「レモネードスタンド」
http://greenz.jp/2012/09/17/lemonade/

子どもに思い出の品をあげたい →「ウメロイーク」
http://umeloihc.com

死別の経験をサポートしたい →「リヴオン」
http://www.live-on.me/

小さな「ありがとう」を贈りたい →「giftee」
http://giftee.co/

第 2 章

お年寄りと社会の接点を作りたい →「BABA ラボ」
http://baba-lab.net/

被災した人々と土地からものづくりを生み出したい →「OCICA」
http://www.ocica.jp/

ユニークな広告で貧しい人々を援助したい →「The Warming Hanger」
http://greenz.jp/2012/03/23/thewarminghangerad/

街をクリエイティブに盛り上げたい →「MAD City」
http://madcity.jp/

木村絵里（きむら・えり）
greenz.jp 編集アシスタント、ライター。自分に合った働き方・暮らし方を実践している人にインタビューをしています。

杉本恭子（すぎもと・きょうこ）
京都在住のフリーライター。「新しい動きを生む場」を作る人へのインタビューを多数手がける。お坊さんにも縁深くネット寺院「彼岸寺」にて連載中。

鳥居真樹（とりい・まき）
元グリーンズライターインターン。1989年9月生まれ、埼玉県出身。在学中にカンボジアと東北の農ある暮らしに興味を持ち、田舎に住み込み農業をかじる。

楢 侑子（なら・ゆうこ）
大阪を拠点に、情報発信（編集・ライティング・撮影）ほか、まちづくりの分野でコーディネーターをするなど“プロジェクト編集者”として活動中。

平川友紀（ひらかわ・ゆき）
フリーランスライター。神奈川県の里山のまち、旧藤野町在住。思いを伝える“記録人”として、まちづくり、暮らし、コミュニティをテーマに執筆中。

フェリックス清香（ふぇりっくす・さやか）
編集者＆ライター。出版社で約6年編集者として働いた後に独立。今、テーマとしているのは「世界にいいこと」と「私にいいこと」を両立する仕組み。

松岡由希子（まつおか・ゆきこ）
フリーランスライター。2008年よりgreenz.jpに寄稿。グローバルな視点から「持続可能な未来づくり」につながる事例を中心に執筆。

丸原孝紀（まるはら・たかのり）
コピーライター。広告制作に携わりながら、非営利団体のコミュニケーションをサポート。greenz.jp では主に海外の社会派広告の記事を担当。

モリジュンヤ
フリーエディター、ライター。1987年岐阜県美濃加茂市生まれ。横浜国立大学経済学部卒業。複数の領域にて編集、執筆活動を行う。

グリーンズ（greenz.jp）

ソーシャルデザインのヒントを発信するウェブマガジン「greenz.jp」（月間読者数15万人）を中心に、自ら主役となって、ほしい未来をつくるためのムーブメントづくりを行っている。サプライズがあり、思いやりや愛があり、社会的な課題を一気に解決するグッドアイデア満載のウェブマガジン「greenz.jp」、アイデアとアイデアをつなげるイベント「green drinks」、アイデアをカタチにする学校「green school」、未来のつくり方が分かるブックレーベル「green BOOKS」など、ソーシャルメディアから人と人との出会いの場づくりまで幅広く展開中。編著書に『ソーシャルデザイン ── 社会をつくるグッドアイデア集』（朝日出版社）。2013年春現在のコアメンバーは鈴木菜央、兼松佳宏、小野裕之の3人。

website　http://greenz.jp
twitter　@greenzjp
facebook　http://www.facebook.com/greenz.jp

greenz.jp ライター紹介（50音順）

イケダハヤト
プロブロガー。「テクノロジーによる社会的課題の解決」を中心に取材・執筆活動を行っている。

池田美砂子（いけだ・みさこ）
フリーランスライター。ウェブや雑誌向けに、ソーシャル、サステナブルをテーマにした執筆を手がける。最近のテーマは、暮らし、生き方・働き方。

石村研二（いしむら・けんじ）
ライター／映画観察者。2008年からグリーンズに参加。ドキュメンタリー映画のレビュー記事などを中心に未来志向で考えさせる文章を志向する。

甲斐かおり（かい・かおり）
編集／ライター。1972年長崎県生まれ。地域コミュニティ、地域×メディア、モノづくりをテーマに執筆中。『metro min.』『TURNS』ほか書籍『福井人』等。

北川貴英（きたがわ・たかひで）
執筆とデザインの個人事務所イカシテルオフィス主宰。谷根千と漫画をこよなく愛する。生まれ育った東京でいかに楽しく生活するかが「マイプロ」。

idea ink 07
日本をソーシャルデザインする

2013年4月25日　初版第1刷発行
2013年5月15日　初版第2刷発行

編著者：グリーンズ
ブックデザイン：グルーヴィジョンズ
DTP制作：濱井信作（compose）
編集：綾女欣伸＋杉原環樹（朝日出版社第五編集部）
　　　菅付雅信（菅付事務所）
編集協力：糸川 歩、白石彩乃、松石 悠、カティア・ウォン、内藤 文（菅付事務所）

発行者：原 雅久
発行所：株式会社 朝日出版社
〒101-0065 東京都千代田区西神田3-3-5
tel. 03-3263-3321　fax. 03-5226-9599
http://www.asahipress.com/
印刷・製本：凸版印刷株式会社

ISBN978-4-255-00713-7 C0036